老いる家 崩れる街
住宅過剰社会の末路

野澤千絵

講談社現代新書
2397

はじめに

住宅過剰社会とは何か

私たちは、「人口減少社会」なのに「住宅過剰社会」という不思議な国に住んでいます。

住宅過剰社会とは、**世帯数を大幅に超えた住宅がすでにあり、空き家が右肩上がりに増えているにもかかわらず、将来世代への深刻な影響を見過ごし、居住地を焼畑的に広げながら、住宅を大量につくり続ける社会**のことです。

今から約45年後の２０６０年、日本の将来人口（合計特殊出生率１・３５の場合）は約８７００万人と、減少が始まった２０１０年の人口（１億２８０６万人）の約7割にまで減少することが予測されています[1]。

日本は、こんな人口減少社会にあって、空き家が右肩上がりに増加しているにもかかわらず、都市部では超高層マンションが林立し、郊外部や地方都市の農地エリアでは無秩序に戸建て住宅地の開発が続いているのです。

こうした光景を見て、「このまま住宅を大量につくり続けて大丈夫なのか……」と何となく不安を感じている方も多いのではないでしょうか？

日本の世帯総数は約５２４５万世帯ですが、現在、国内にすでに建っている住宅は約

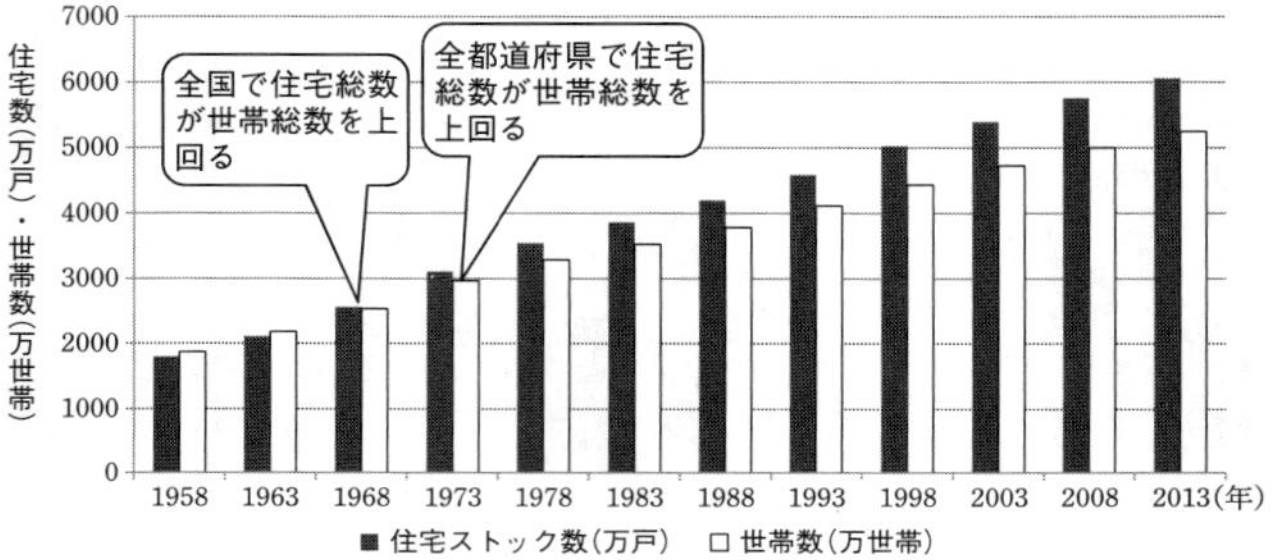

図表 0-1　住宅ストック数と世帯数の推移

(国土交通省社会資本整備審議会第 36 回住宅宅地分科会資料〔2015 年 4 月 21 日〕より作成)

6063万戸です（2013年度）。つまり、世帯総数に対して、住宅のストック数（住宅総数）は16%も多く、数の上では、住宅の量はすでに十分足りている状況にあるのです（図表0―1）。

日本では、戦後から高度経済成長期にかけて住宅の量が極めて不足していたため、新築・持ち家重視の住宅政策を国が積極的に推し進めてきました。その結果、1973年以降、全都道府県で住宅のストック数は一貫して世帯総数を上回り、年々積み上がり続けています。

住宅のストック数が増加している理由は、解体された戸数よりも新築住宅の着工戸数が大幅に多いからです。毎年の新築住宅の着工戸数は、高度経済成長期に比べて減少しているものの、人口が減少し始めた2010年度以降、年々増加しており、2013年には99万戸の新築住宅が供給されています。

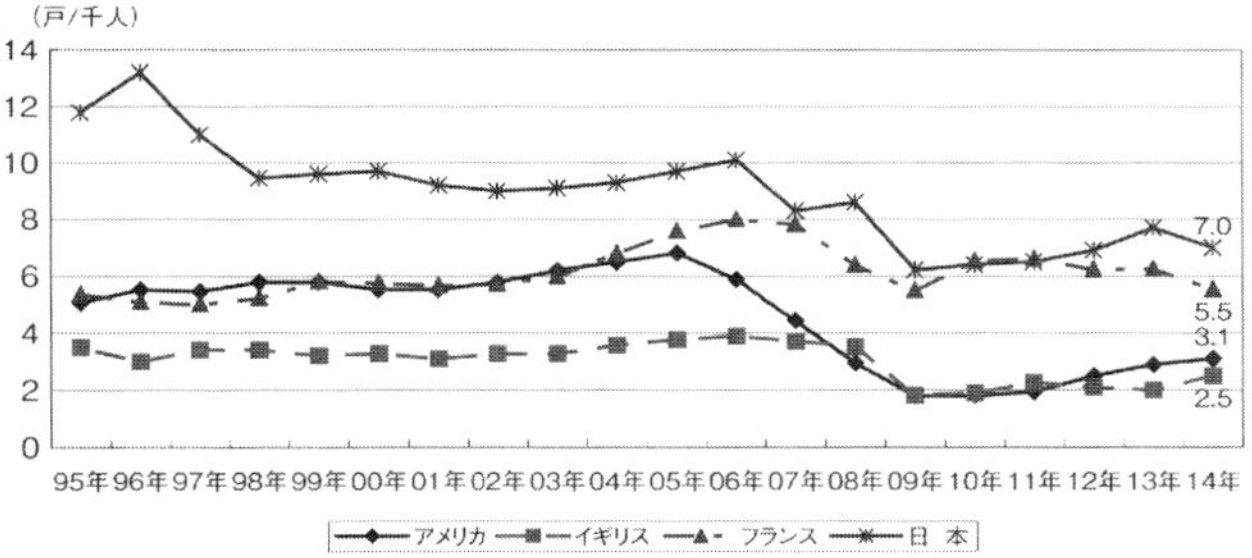

図表 0-2　人口 1000 人当たりの新築住宅着工戸数の国際比較
（住宅経済研究会編著「2015 年度版住宅経済データ集」）

では、日本は欧米と比較して、新築住宅の着工戸数がどの程度多いのでしょうか?

　２０１５年度版住宅経済データ集によると、人口１０００人当たりの新築住宅着工戸数（図表０－２）は、日本はここ20年間、イギリス・アメリカ・フランスの中で常にトップレベルです。２０１４年の新築住宅着工戸数は、イギリスの２・８倍、アメリカの２・３倍、フランスの１・３倍であり、欧米に比べて新築住宅を大量につくり続けている国なのです。

「売れるから建てる」流れが止まらない

　それではなぜ、人口が減少している日本で、新築住宅が大量につくり続けられているのでしょうか?

　住宅の供給側である住宅・建設業界が、特に分譲タイプの戸建てやマンションを大量に建て続けている理由は、土地取得費や建設費といった初期投資が短期間で回収できるために事業性を確保しやすく、住宅を引き渡した後の維持管理の責任も購入者に移るために事業リスクが低いからです。つまり、売りっ放しで済むからです。

住宅・建設業界というのは、「常に泳いでないと死んでしまうマグロと同じ」と言われるように、基本的には、常に建物をつくり続けないと、収益が確保しにくいビジネススタイルであることも理由の一つです。

一方、住宅を購入する側も、「住宅は資産」と考える場合が多く、賃貸住宅で毎月、多額の賃料を支払うよりも、住宅ローンで購入すれば、住宅ローン減税といった優遇措置も得られるなど、様々な点で有利だと考えがちです。不動産会社の広告によるイメージ戦略や巧妙な営業トーク力も相まって、新築住宅の購入を決める方々が多いのです。

もちろん、住宅を購入する場合、新築住宅だけでなく、中古住宅という選択肢もあります。しかし、日本の中古住宅の流通シェアは約14・7%（2013年）であり、欧米諸国と比べると極めて少ないのです(2)。また、中古住宅をそのままの状態で売れる（市場性のある）ケースはそう多くないのも事実です。不動産会社は、中古住宅の質を確認できる情報が少ないため取引リスクを懸念し、購入者側は、中古住宅の質への不安感を持ったりと、中古住宅の流通市場が未成熟で、新築住宅中心の市場となっています。

こんなわけで、「売れるから建てる」という流れはなかなか止まらないのです。

3戸に1戸が空き家に

年々、住宅のストック数が積み上がっていく一方で、空き家率は一貫して増え続けています。2013年度住宅・土地統計調査によると、空き家総数は全国で820万戸にものぼっています。空き家総数は、図表0-3のとおり、この10年で1・2倍、20年で1・8倍と、まさに右肩上がりの空き家増加国家が日本という国なのです。

ここで皆さんは、「2025年問題」と言われるものをご存知でしょうか?

2025年、人口の5%を占める団塊世代が75歳以上となり、後期高齢者の割合が一気に20%近くにまで膨れ上がる問題のことです。これを踏まえて、日本人男女の平均寿命が84歳(2015年世界保健機関発表)ということを参考にすると、2035年前後から、団塊世代の死亡数が一気に増えると予想されるのです。

そのため、住宅地の行く末は、団塊世代の死後に相続する子供世代(団塊ジュニア世代)や親族が、実家をどのように取り扱うかにかかっています。住宅の立地や大きさなどにもよりますが、団塊世代の死後、相続した世代はすでに実家を離れ、それぞれ自分の家を持っていることも多く、相続した実家に住むというケースは少なくなっています。そのため、実家の売却・賃貸が進まなければ、近い将来、まちのあちらこちらで空き家が一気に

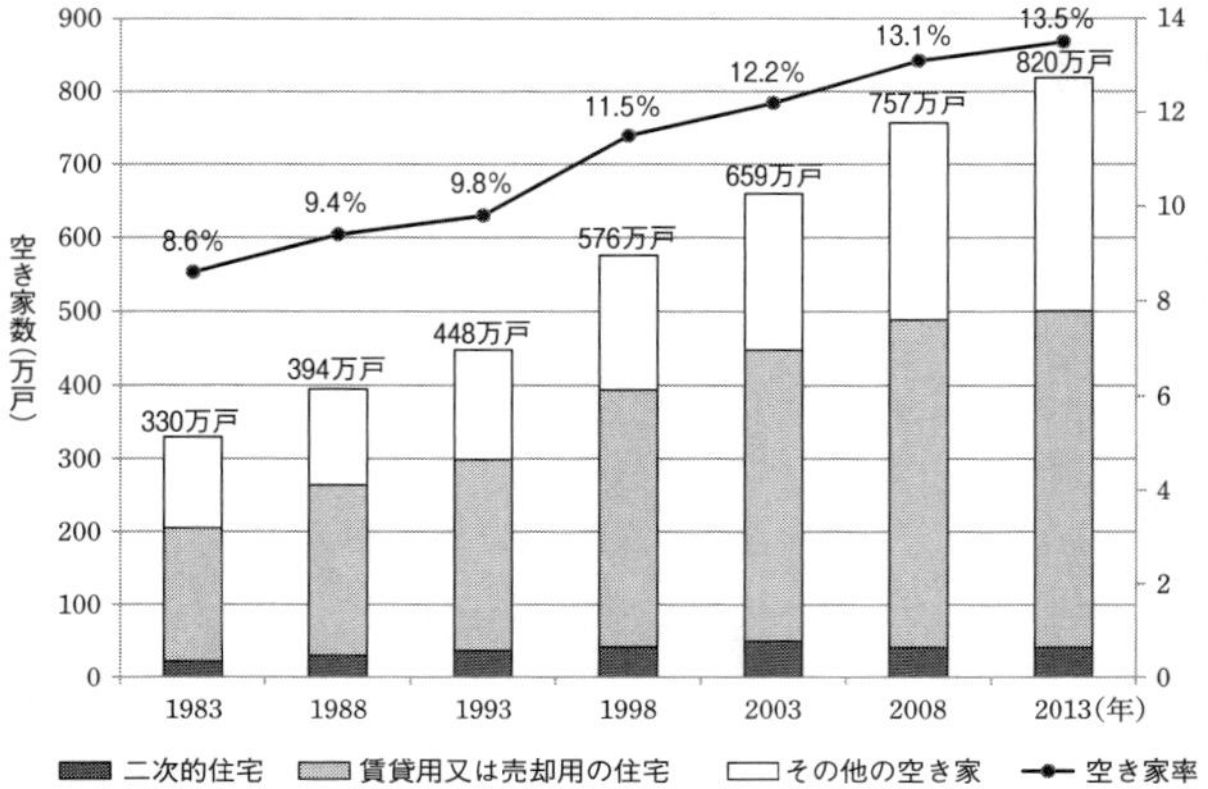

図表 0-3　空き家数の推移

（国土交通省社会資本整備審議会第 36 回住宅宅地分科会資料〔2015 年 4 月 21 日〕より作成）

増えるという、言わば「時限爆弾」を日本は抱えているのです。

野村総合研究所によると、このまま空き家になった住宅の除却や住宅用途以外への有効活用が進まなければ、２０１３年に約８２０万戸の空き家が、10年後（２０２３年）には約１４００万戸、空き家率は21・０％に、20年後（２０３３年）には約２１５０万戸、空き家率は30・２％になると予測されており、**3戸に1戸が空き家という将来が待っています**(3)。

住宅業界は反論するが……

私自身、様々な公的な委員会や審議会などに参加させていただきますが、「人口が減少していて、空き家が急増しているのに、相変わらず大量の住宅を供給し続ける状況を早急に改善すべき」と発言すると、住宅業界の方などから、「いやいや、日本の世帯数はまだまだ増加しているから、空き家が増えているからといって住宅の供給過剰というのはおかしい」といった反論をよく受けます。

しかし、国立社会保障・人口問題研究所によれば、全国の世帯数は２０１９年の５３０７万世帯をピークに減少に転じ、２０３５年には４９５６万世帯まで減少すると予測されています。東京都・神奈川県・愛知県などの大都市でも、２０２５年頃には世帯数が減少に転じると予測されているです(4)。

前述したとおり、住宅のストック数は世帯総数よりもすでに約16％も多く、あと10年もすれば大都市部も、世帯数の減少が予測されているのに、国は経済対策や住宅政策の一環として、これまでと変わらず新築住宅への金融・税制等の優遇を行い、住宅建設の後押しを続けています。すなわち、**日本では、住宅過剰社会の助長を食い止めようという兆しがほとんど見られないのです。**

居住地の拡大で税金がどんどん使われる

ただし、ここで強調しておきたいのですが、住宅過剰社会だからといって、新築住宅をつくること、購入すること自体が悪いわけではありません。新築住宅は、たとえ人口減少社会でも、空き家増加社会でも、住宅を新たに購入したい人、住み替えたい人、古くなった住宅を建て替えたい人などのために、これからも必要不可欠です。

問題なのは、**新築住宅が、居住地としての基盤**（道路や小学校・公園など）**が十分に整っていないような区域でも、いまだに野放図につくり続けられ、居住地の拡大が止まらないこと**です。居住地としての基盤が整っていない区域に新築住宅がつくり続けられると、局所的な人口増加に対応するために不可欠な、小学校や道路、公園などへの新たな整備費用が必要になるだけではありません。公共施設や道路などの維持管理費、防災対策や災害時の対応・ゴミ収集を行うべきエリアが増大し続け、居住地の維持管理にかかる費用が「永続的に」必要になります。つまり、居住地の拡大により、多額の税金が投入されざるを得なくなる無計画性こそが問題なのです。

自治体もデベロッパーも、まるで焼畑農業（伝統農法としての焼畑ではなく、収奪的に森林を焼き、無計画に開墾を繰り返す営利目的の農法）のように、既存のまちの空洞化を食い止める努力をしようとせずに、埋立地や工場跡地、農地など、少しでも開発しやすい土地や規制の緩い土地を追い求めています。地権者側も何とか土地を売りたい、活用したいと考える場合が多く、その結果、居住地の拡大が止まらないのです。

実際に、既存の住宅を除却して、引き続きその敷地で住宅を着工する再建築数が新築着工戸数に占める割合（再建築率）は、ここ数年10％程度しかありません(5)。時代の経過とともに古い住宅が建て替えられ、再建築する必要性のある住宅数が減少したことの影響もありますが、新築住宅の着工戸数の約90％が、これまで住宅が建っていなかった土地に建設されているということであり、居住地が広がり続けていることを如実に示しています。

高度経済成長期のように、人口も経済も右肩上がりで、大都市部などで住宅が不足していた時代には、居住地の拡大は必要でした。しかし、人口も世帯数も減少する現代、焼畑的に居住地を拡大してしまうと、限られた人口や開発需要というパイを単に近隣のエリア同士で奪い合うだけにとどまり、全体として見れば、**居住地を維持するために必要な税金の支出だけが増大していくという非効率な状況をつくり出してしまっている**のです。

この現状はこの先、必ずや大きな問題になってくるでしょう。

「負動産化」する住宅

さらに問題なのが、人口も世帯数も減少する中で、住宅過剰社会が深刻化すると、将来、住宅の立地や維持管理状況によっては、売りたくても買い手がつかない、税金や管理費を払うだけという「負動産」になる可能性があるということです。

遺品整理業をされている吉田太一氏は実際、不動産の多くは、もはや財産ではなく、固定資産税や管理費・修繕積立金を支払うだけの「負債=負動産」になりつつあると警鐘を鳴らしています(6)。

現在でも、住宅の質や立地によっては、売りたくても買い手がつかない、貸したくても借り手が見つからない負動産が空き家になっているケースが続出しています。

たとえば、第1章で詳述するように、埼玉県羽生《はにゅう》市では、賃貸アパートの供給過剰によって空き室の増加や賃料相場の下落を招くなど、問題が深刻化しています。新潟県湯沢町では、過去に大量につくられたリゾートマンションの価格が大幅に下落し、物件価格が10万円でも売れないという状況が発生しています。このような現象は、一部の地域にとどまらず、将来、多くのまちで、需要を上回る住宅供給が、全体的な不動産価値の低下につながることを示唆しています。

長期的に見ると、住宅を購入して居住していた世代の寿命が尽きた時、子供世代や親族等が相続することになりますが、核家族化が進行し、子供世代がその住宅に住まないケースが多くなってきています。もし、売りたくても買い手がつかない、貸したくても借り手がいないという場合、空き家の固定資産税や維持管理費が、子供世代に重くのしかかってくることとなり、将来、その住宅を相続することとなる子供世代に多大な迷惑をかけてしまう危険性もあるのです。

こうした空き家問題については第2章で詳述しますが、要するに、住宅過剰社会では、**資産としての住宅の有用性が根本から揺らぎ始めており、住宅が資産とされたこれまでの時代とは全く異なるという事実を直視すべき**なのです。

活断層の真上でも住宅建築を禁止できない

住宅過剰社会を助長している元凶は、実は自治体による都市計画にあるといっても過言ではありません。

そもそも都市計画とは、個々の建築活動が都市全体に大きな影響を及ぼさないように、都市全体の土地の利用を総合的・一体的観点から適正に配分・配置するためにあるものです。しかし、大都市部では、個々の開発プロジェクトごとに、国や自治体が容積率*1規制などの緩和を行い、全体として積み上がっていく住宅総量をコントロールする仕組みもないまま、超高層マンションの林立を後押しししています。

大都市郊外や地方都市では、自治体自身が、他の自治体から人口を奪ってでも、とにかく人口を増やしたいという近視眼的な観点から、開発許可*2基準の規制緩和を行い、無秩序に農地をつぶしながら、インフラが不十分なまま、宅地開発や住宅の〝バラ建ち〟が郊外に散らばる事態を助長しています。地方都市には、開発規制がないに等しいほうが発展に有利だからと、緩すぎる都市計画規制の状況を放置している自治体もあるほどです。

実は、日本の都市計画は、欧米と比べて土地利用の規制が極めて緩い状況になっています。そのため、財産権の保障といった問題や住民感情を背景に、活断層の真上でも、浸水・土砂災害といった災害の危険が予測される区域でも、よほど特別な場合でない限り、住宅建設を禁止することはできないのです。

詳しくは第3章で述べますが、開発事業者・地権者といった供給側の思惑、住宅を購入・賃貸する需要側の思惑、住宅を投資対象にする金融や投資家の思惑、その時々の政治的な思惑などが複雑に絡み合って、そんな現実が生まれてしまったのです。

私たちに残された時間は長くない

私たちは、現時点で投票権を持たない将来世代の住宅やまちをつくっています。このまま住宅過剰社会を助長すれば、将来世代に負の遺産となる住宅やまちを押しつけてしまうのです。最も迷惑を被るのは、私たちの子供や孫たちです。

住宅過剰社会からの脱却に向けて、私たちは、空き家を減らす、中古住宅の流通を促進する、市場に依存しすぎた新築住宅中心の市場から転換することが必要不可欠です。特に、すでにある住宅のリノベーションや建て替えをし、住宅の質を市場性を持つレベルに高めたうえで、住宅市場に流通させていくことが必要です。

さらに、こうした住宅単体の話だけではなく、災害リスク、インフラや公共交通・生活利便サービスの維持、公共施設の再編・統廃合、地域コミュニティ、ライフスタイルの変化に対応した暮らしやすさといった生活環境……など、多様な分野が複雑に絡み合う住環境としての問題を多元的に解きながら、現世代だけでなく、将来世代も暮らしやすいまちへと改善していかなければならない時期にきているのです。

私たちに残された時間は、そう長くありません。

私は都市計画の研究者として、これまで、都市計画法制度、特に人口減少社会にむけた土地利用計画や開発許可制度のあり方の研究とともに、様々な自治体の都市計画行政にも関わらせて頂いています。その中で、都市計画や住宅政策が高度経済成長期の都市化志向の枠組みのまま、いわばフリーズ状態に陥っている点に強い危機感を持っています。

本書の第1章では、住宅の「量」の観点から、大都市部ではなぜ大量の超高層マンションがつくり続けられているのか？　大都市郊外や地方都市の農地エリアでは、なぜ野放図に住宅地の開発や賃貸アパート建設が続いているのか？　について、都市計画の視点から具体的に解き明かしていきます。

第2章では、住宅や住環境の「質」とりわけ「老い」の観点から、老いた戸建て住宅や分譲マンションに待ち受ける終末期問題や相続放棄問題、公共施設やインフラなどの住環境の老朽化問題に着目しました。そしてこのまま何も手を打たなければ、次世代に負の住宅・負のまちを押しつけかねないという深刻な実態を明らかにします。

第3章では、住宅の「立地」の観点から、活断層の上でも住宅の建設を禁止できないなど、日本の土地利用の規制がいかに緩いのか、また、都市計画も住宅政策も住宅の立地を積極的に誘導しようという機能が備わっていないという構造的な問題を明らかにします。

そして第4章で、住宅過剰社会からの転換に向けた7つの方策を提案します。

本書は、行政への批判が主目的なのではありません。これまで都市計画や住宅政策は、行政がやるものと考えられており、あまり身近なものではありませんでした。しかし、他人事のまま、住宅過剰社会の流れを止めなければ、私たち自身や将来世代に様々な影響が降りかかってくることは確実です。

本書を通じて、都市計画というものをほとんど意識したことがなかった方に、都市計画や住宅政策の見所というものを知って頂き、ひとりでも多くの方が住宅過剰社会という問題を「自分たちの問題」として考え、住宅過剰社会の流れを変えていくきっかけになればと願っています。

「はじめに」補注

＊1　容積率とは、敷地面積に対する建物の総床面積の割合のことで、建物のボリュームを制限するために都市計画で定められている。指定される容積率が高くなるほど、建てられる建物のボリュームが大きくなる。

＊2　開発許可とは、開発行為（建築物の建築などのために行う土地の区画形質の変更）を行おうとする者が、あらかじめ受けるべき許可のこと。

「はじめに」引用文献

（1）国立社会保障・人口問題研究所「日本の将来推計人口」（２０１２年1月推計）

（2）国土交通省「中古住宅市場活性化・空き家活用促進・住み替え円滑化に向けた取組について」、２０１５年8月

（3）野村総合研究所「News Release」、２０１５年6月22日

（4）国立社会保障・人口問題研究所「日本の世帯数の将来推計（全国推計）――２０１０年～２０３５年」、２０１３年1月推計、及び「日本の世帯数の将来推計（都道府県別推計）――２０１０年～２０３５年」、２０１４年4月推計

（5）国土交通省総合政策局「住宅着工統計による再建築状況の概要」（平成25年度）

（6）吉田太一『あなたの不動産が「負動産」になる』、ポプラ新書、２０１５年8月

目次

第3章　住宅の立地を誘導できない都市計画・住宅政策 ―― 147

第1章 人口減少社会でも止まらぬ住宅の建築

写真1-1　東京五輪選手村予定地周辺の超高層マンション群
(2015年4月著者撮影：手前の更地が五輪選手村の予定地)

写真1-2　都心部と湾岸エリアをつなぐ環状2号線
(2015年9月著者撮影)

1・つくり続けられる超高層マンションの悲哀

東京五輪の選手村周辺に

東京の湾岸エリアは、超高層マンションが林立するまちへと急激に変貌しつつあります。

本格的な人口減少社会に突入し、空き家が右肩上がりに増加しているのにもかかわらず、超高層マンションがつくり続けられる光景に、何となく不安を感じている方も多いのではないでしょうか。

東京都では、1980年代後半頃から、超高層マンションの建設が増え始め、2013年までに550棟近くもの超高層マンションが建設されました。特に、湾岸6区*1には、都内の超高層マンション棟数の約6割が集中します(図表1−1)。

不動産経済研究所の超高層マンション市場動向によれば、2015年以降に建設が計画されている東京都区部の超高層マンションは109棟(約5万戸)におよび、今後もつくり続けられることがわかります(1)。ちなみに、東京都区部を除く首都圏では69棟(約2・7万戸)、近畿圏で38棟(約1・4万戸)、その他の地域では46棟(約1万戸)です。

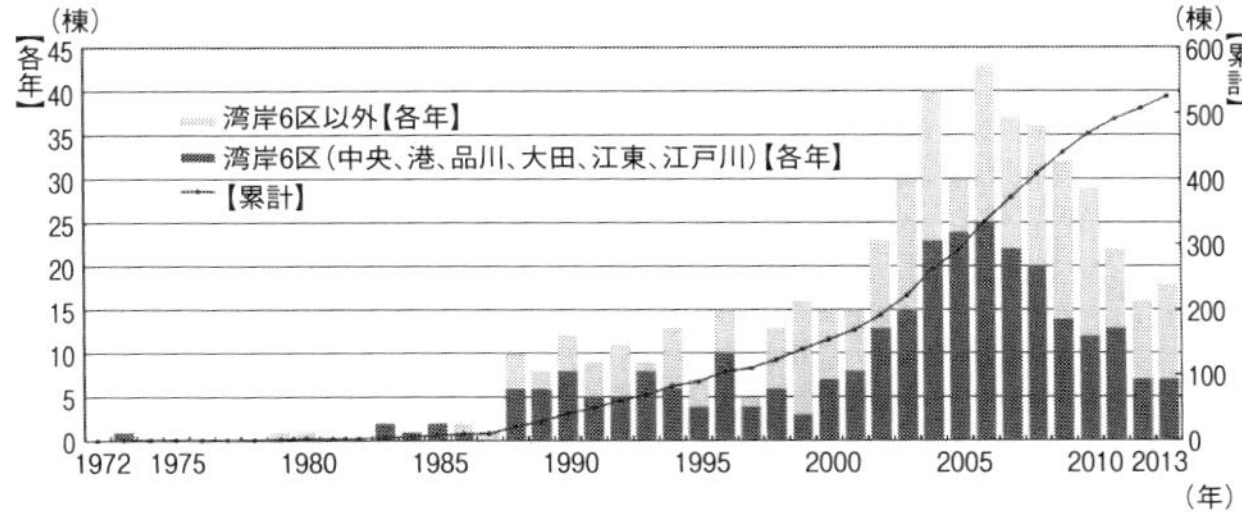

図表 1-1　東京都内の超高層マンション竣工棟数の推移

（東京都住宅政策審議会マンション部会「マンションストック・市場の状況」、平成 26 年度第 1 回企画部会参考資料〔平成 26 年 8 月 6 日〕より作成）

つまり、超高層マンションの建設は、今後も東京都区部で集中的に行われるのです。

2013年9月、2020年の東京オリンピック・パラリンピックの開催が決定し、東京の湾岸エリアに選手村や多くの競技会場がつくられることになりました。そのため、都市部と湾岸エリアをつなぐ環状2号線や、BRT（バス高速輸送システム）などの交通インフラ整備の実現性が高まったこともあり、選手村周辺の超高層マンションへの注目度が一気に上がっています。

中央区の晴海《はるみ》地区にできる選手村では、選手が利用する住戸として、14〜18階のマンションが21棟建てられるだけではなく、東京オリンピック・パラリンピック閉幕後に、さらに地上50階程度の超高層マンションが2棟建てられることになっており、選手村エリアだけで合計約5650戸もの住宅がつくられる予定となっています。

しかし、選手村周辺で予定されている開発事業を調査した東京都のデータ（図表1－2）をよく見ると、選手村だけでなく、その周辺エリアでも多数の開発事業が予定されていることがわかります。そして、これらの開発事業によって、さらに多数の超高層マンションがつくられる予定であり、そのほとんどが、賃貸ではなく分譲形態になっています。

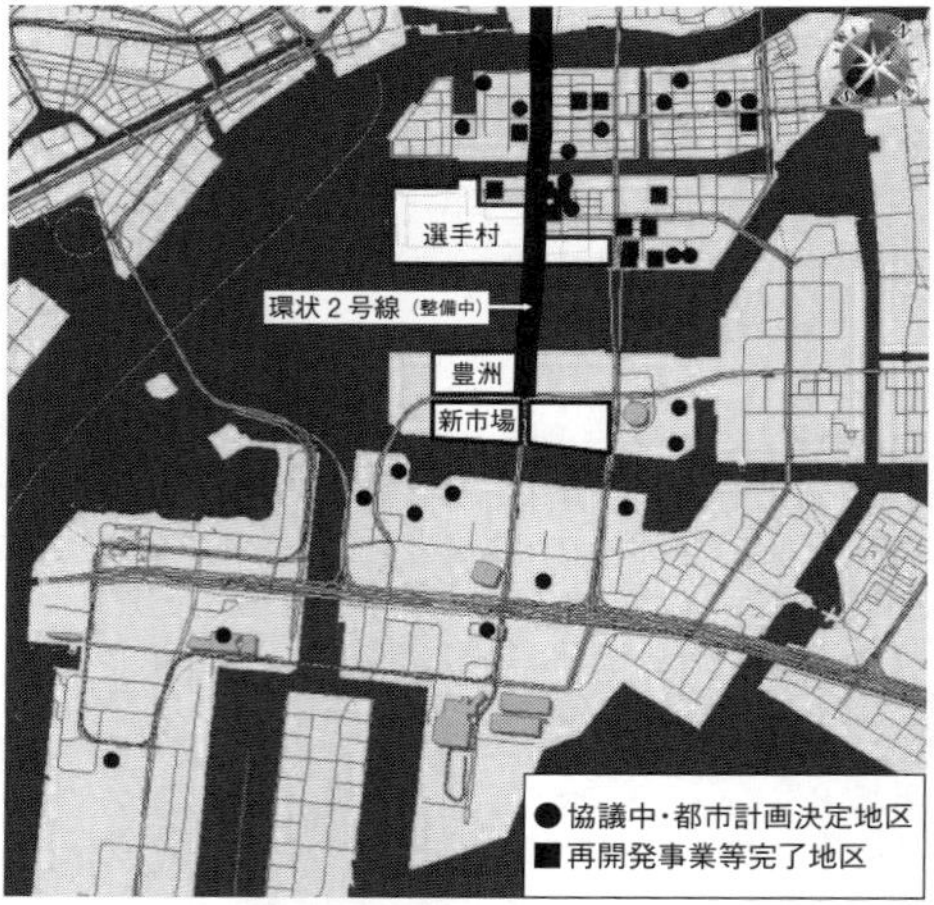

図表1-2　選手村周辺で予定されている開発事業
（東京都都市整備局「都心と臨海副都心とを結ぶBRTに関する基本計画」の「BRT沿線の開発について〔2015年4月〕」より作成）

「空中族」の増加

超高層マンションの人気が高いのは、眺望が良い、ステイタス感が高いといった点だけでなく、「コンシェルジュやスパなどのサービスが充実していてホテルライクな暮らしができる」「駅に直結している」「職場に近い」「マンション内にスーパーやクリニックが入っている」といったように、居住環境としての利便性があると考えられているからです。

また、「東京オリンピック・パラリンピックによって資産価値が上がるのではないか」「相続税対策として有利になるのではないか」という期待感、さらには、外国人が日本の不動産への投資意欲を高めているといった不動産投資としてのメリットがあるからとも考えられています。

超高層マンションを投資の対象としている購入者は、今後、物件価格が上昇する可能性を見込んで、今は自分では住まずに人に貸しておき、２０２０年の東京オリンピック・パラリンピックの前に最も高値で売却しようと考えている人が多いと言われています。

実際に、あるＮＨＫの番組によると、超高層マンションの高級物件の購入と転売を繰り返し、より高級な物件に住みかえる「空中族」と呼ばれる人たちが増えていることが指摘されています(2)。

超高層マンションが相続税対策になる理由として、低層階でも高層階でも、面積当たりの相続税評価額は一律に評価されているために、高層階や眺望がよい住戸は、実勢価格に比較して相続税評価額が低くなり、節税対策になると言われています（あまりにも相続税の節税対策で購入する動きが多くあることから、現在、相続税の見直しについて検討がなされており、早ければ２０１８年１月から実施される見通しです）。

デベロッパー側も、分譲形態にすると、賃貸にする場合に比べて短い期間で土地取得費や建設費などの初期投資費用が回収できる、住宅を引き渡した後の維持管理の主体・責任は購入者側に移るために将来的なリスクを回避できるなど、メリットが大きいのです。

そのため、「売れるから建てる」という流れが加速するのです。

眺望の陣取り合戦と値崩れ

東京湾岸エリアに行くたびに、右を向いても左を向いても超高層マンションというまちに変貌した光景に驚きます。あまりにも多くの超高層マンションが林立したために、お互いの眺望を阻害し合うという事態にまでなっています。

たとえば、中央区勝どきにある超高層マンションの購入者は、眺望が気に入って選んだにもかかわらず、入居後しばらく経ってから、道路をはさんだ向かい側の敷地に超高層マンションが建ってしまいました。そのため、眺望が自慢だったリビングの窓から見えるのは、巨大な超高層マンションの外壁だけで失望する事例も出ているのです（写真1−3）。

一般的に、複数の超高層マンションを一体的に計画し開発される際には、建築の配置計画としてお互いの眺望を阻害しないよう、住棟の面を斜めにずらして建てられます。しかし、周辺の別の敷地に後から建てられる超高層マンションによって眺望を阻害されることに対しては、無力ということがわかります。

また、とある3棟の超高層マンションは、今でこそ多くの住戸が素晴らしい眺望を享受しています。ところが実は、数年後には、隣接する運河の反対側の倉庫群の再開発事業で新たに3棟の超高層マンションが建てられることが決まっているため、眺望が阻害される住戸が多数出てくることが予想されます。つまり、超高層マンションの林立が止まる兆しがない中では、購入した時点では魅力的だった眺望が、将来にわたって保証されるものではないというリスクがあるのです。

このように、東京湾岸部では、まさに「眺望の陣取り合戦」をしながら、まだまだ超高層マンションがつくり続けられています。

写真1-3　超高層マンションの一室のリビングからの眺望

そして、こうした眺望の陣取り合戦をしている地域では、人口の過密化が深刻で、何をするにもまちは人であふれかえっており、果たして将来世代も心豊かに安心して暮らせる質の高いまちづくりが行われているのかという疑問も生じます。

実は、湾岸エリアでは、既に分譲マンションの売れ残りや値崩れが始まったともとれる指摘が、国土交通省から3ヵ月ごとに出される『主要都市の高度利用地地価動向報告』の最新版(3)に記述されています。鑑定評価員の地価動向・将来地価動向に関するコメントを少し紹介しましょう。

「(中央区佃・月島地区は)晴海地区など利便性の劣る地区を中心に分譲マンションの売れ残りが見られるなど弱まりをみせている」「経済状勢の不透明感等の懸念材料から新築、中古マンションの取引共に陰りが見え始めている」

「(江東区豊洲地区は)新築・中古ともに住戸の大量供給が続いており、将来的には、新築・中古ともに取引件数の減少が予想される」

「(江東区有明地区は)湾岸エリア全体では更なる大量供給が控えていることから、今後は価格調整局面を迎えることが予想される」

つまり、同じようなエリアで住宅の大量供給が続くと、住宅が「老いる」前に、値崩れが始まるという事態に発展しかねないのです。

小学校整備も人口増に追いつかない

中央区・江東区の湾岸エリアで、すでに検討されている開発事業等をもとに、人口増加見込みを算出した東京都のデータ(図表1-3)によると、現在の常住人口(2014年末)は約8・6万人ですが、東京オリンピック・パラリンピックを経て、将来的には、現在よりも約10万人もの増加が見込まれています。東京23区が24区になるといっても過言ではないような規模の人口増加が、短期間に見込まれていることがわかります。

　この人口増加分を住戸数に換算すると、すでに検討されている開発事業分だけで、約4万〜5万戸もの新築住宅が一気に建設されることとなります。ちなみに、高度経済成長期につくられた日本初の本格的ニュータウンと言われている千里《せんり》ニュータウン（大阪府）の住戸数（事業完成時）は、約4万戸（ピーク期で人口約13万人）です。

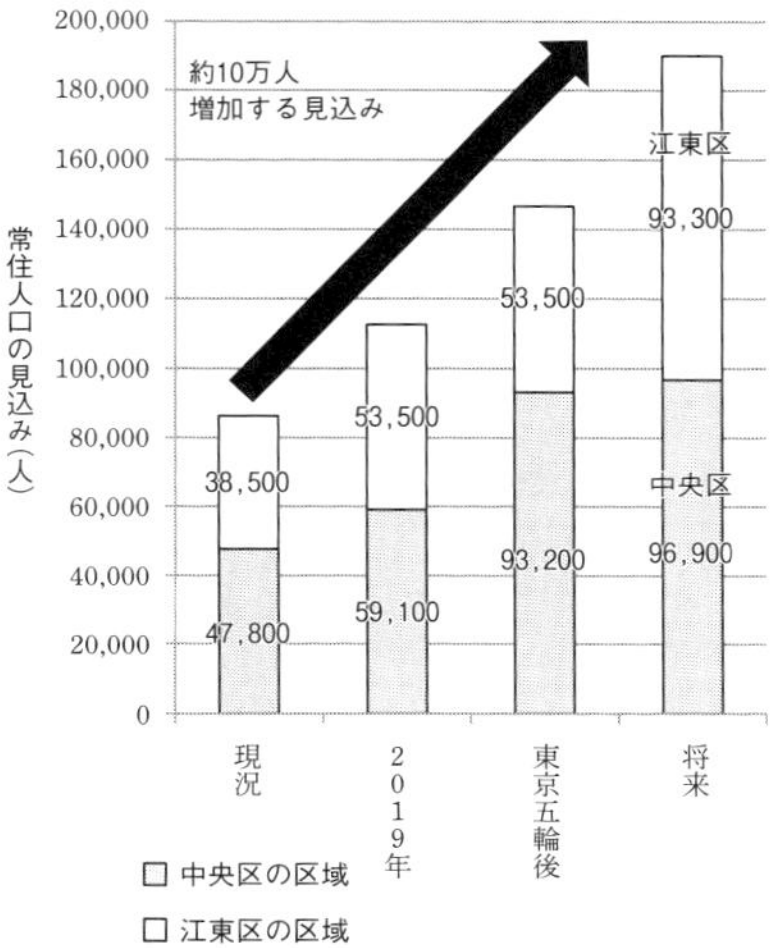

図表1-3　選手村周辺の常住人口の見込み
（東京都都市整備局「都心と臨海副都心とを結ぶBRTに関する基本計画」の「BRT沿線の開発について〔2015年4月〕」のデータにより作成）

　つまり、東京都の湾岸6区内には、すでに17万戸（2013年土地・住宅統計調査）もの空き家がある中で、「売れるから建てる」という短期的な市場原理の中で、これからさらに、千里ニュータウン一つ分もの新築住宅がつくられる事態になっているのです。

　東京湾岸エリアではすで

に、あまりにも多くの超高層マンションが建てられたために、居住地として必要な様々な生活関連施設が不足しており、小学校の教室不足や地下鉄のホームが過密になりすぎて危険な状態になるといった問題が深刻化しています。

中央区教育委員会の将来推計によると、豊海《とよみ》小学校では、1998年度に158人だった児童数が、2020年には721人と4・6倍に、月島第二小学校では、同じく1998年度に199人だった児童数が、2020年には618人と3・1倍にも増加するとされています(4)。そのため、豊海小学校は、校庭に増築を行うと50m直線路などの運動スペースすら確保できないことから、隣接した豊海運動公園に移転して新築されました。

ただし、豊海運動公園は防潮堤の外側に位置していることから、高潮対策を考慮した施設整備が必要となっています。また、月島第二小学校はパソコン室などを教室に転用するとともに、校庭の築山等を無くして校舎が増築されましたが、校庭と言うにはあまりにも狭すぎるスペースで、子供達が過密な状態で日々を過ごしています。

港区でも、超高層マンションが林立し続けているために、急激に児童数が増加し、小学校の教室不足が深刻化しています。港区の芝浦小学校では、校庭にプレハブ校舎を設置しても足りず、新たに大きな校舎を新築・移転しましたが、それでも手狭になり、ランチルームを教室に転用したり、校庭が過密になり危険なため、滑り台や築山を撤去するなどの対応に追われています(5)。しかし、こうした対応をしても、2019年度以降、教室が足りなくなることが想定されているため、みなとパーク芝浦の芝生広場に別の小学校を新設することになっています。

ニュータウンの場合には、大量の住宅を新たに建てるというだけでなく、地区全体の将来的な人口や住宅数の総量を設定し、小学校や交通などの居住地としての基盤が計画的に整備されてきました。しかし、東京湾岸エリアなどで行われている超高層マンションの建設は、再開発事業として話がまとまった区域ごとに個別に取り組まれるため、一棟で500戸を超えるような大量の住宅が一気に供給されると、駅の拡張や駐輪場の整備、新たな交通インフラの整備、小学校の増築・新築といった公共投資が後追い的に必要となってしまうのです。そのため、中には、ファミリー向けのマンション計画に対して、公共施設等の整備のために、開発協力金（たとえば、中央区では1戸当たり100万円程度）の負担をお願いしている自治体もあります。

東京圏は相対的に貧しくなる

「超高層マンションが林立したとしても、開発協力金も徴収しているのだし、居住人口が増加して住民税などの税収が増加するのだから、その分で、まだまだ公共投資をしていけばよいのでは？」あるいは、「経済活性化のためにも売れるのだから売れなくなるまで建てても問題ないのでは？」という意見もあるでしょう。

しかし、近い将来、東京は地方都市に比べて、高齢者の数が圧倒的に多くなることが明らかになっています。そのため、社会保障関連のコストが増大するなど、超高齢社会への対応が深刻化するのは確実です。

経済学者の松谷明彦氏は、今後、東京圏は相対的に貧しくなっていくと指摘しています。各地域の豊かさの指標となる地域別の一人当たりの県内総生産増減率（図表1－4）を見ると、2025年以降、2つの地方圏は上昇していくのに対し、東京圏（埼玉県・千葉県・神奈川県を含む）は急速に低下していくと予測されています。これは、地方圏は東京圏より先に高齢化が進行しているため、高齢者は減少していきますが、東京圏は今後、高齢者が激増し、生産年齢人口（15歳以上65歳未満）が減少していくからです。

東京では、2010年から30年間で高齢者が53・7％も増えると推計されており(6)、今後、老人ホームの増設や医療・介護サービスなどの社会保障関連のコストが莫大になります。

さらに、住民の老いだけでなく、住環境の老いも深刻な問題になっています。今から40年以上前の高度経済成長期に整備してきた大量の公共施設やインフラが、総じて老朽化しており、建て替え・更新の時期を迎えているからです。そのためのコストも必要になってきます。

インフラ問題の専門家である根本祐二氏はこんなふうに指摘しています[7]。

「五輪だからといって公共投資をする余裕はないという点は強調しておきたい。全国で少なくとも〔老朽化したインフラ更新のための〕予算が4割は足りない状況では、五輪も聖域にはなりえない。五輪期の公共投資を合理化できる唯一の論理は、64年五輪期に整備されたインフラの更新の必要性である。（中略）2020年五輪はインフラ再構築の五輪である。（中略）この機会に、安全安心で、財政的に持続可能な形態に作り替える。（中略）そのためには、都市計画の視点がきわめて重要だ」

このように、東京では今後、社会保障関連のコストと老朽化した大量の公共施設・イン

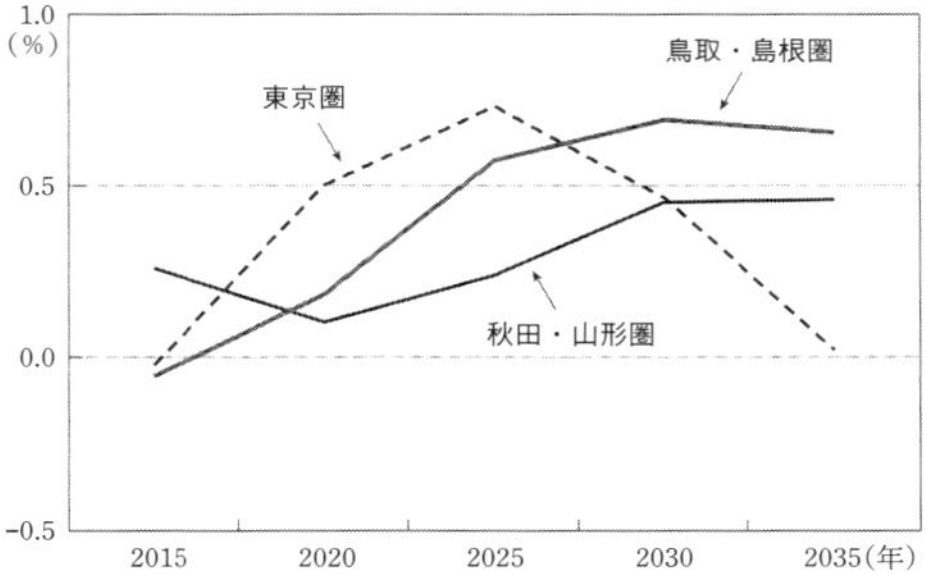

図表1-4　地域別の一人当たりの県内総生産増減率
内閣府「国民経済計算」、OECD “Annual National Accounts”、国立社会保障・人口問題研究所「日本の地域別将来推計人口（平成25年3月推計）」より、松谷氏が推計（松谷明彦『東京劣化――地方以上に劇的な首都の人口問題』、PHP新書、2015年）

フラを更新するための莫大なコストがかかってくるため、これまでと同じような感覚で、公共投資を続けることには慎重になるべき時期にきています。公共施設やインフラを新設すると、それらの維持管理や防災対策・災害時の対応など、居住地を維持管理するためのコストが「永続的に」必要になることに目を向けることも求められます。

つまり、人口増加でもたらされる税収効果だけでなく、社会保障関連のコスト、老朽化した公共施設・インフラの更新に必要なコスト、居住地の維持管理のためのコストといった税負担との「バランス」について、長期的な視点からきちんと精査することが大事になるのです。

不良ストック化するリスク

これまで見てきたように、超高層マンションは、購入者側にもデベロッパー側にも人気があるために、売れるから建てられるという状況が続いています。しかし、マンション専門家からは、火災・災害時のリスク、多種多様な居住者間の合意形成、高額な維持管理費、大規模修繕や将来の老朽化対応など、一般的な分譲マンションに比べて、超高層マンションであるが故に深刻化する様々な問題点について警鐘が鳴らされています。こうした様々な困難に直面することで、超高層マンションは、将来、不良ストック化するリスクがあるとも考えられています。

これらの将来リスクを認識しているからだと思いますが、私の周りにいる建設や都市計画の仕事をしていて、購入可能な年収層と思われる知人で、実際に超高層マンションを購入した人はほとんどいません。火災・災害時のリスクについては、火災時の消火活動の困難さや中高層階の高齢者等が避難階段で避難できない、長周期の地震動で建物が大きく揺れることで家具が凶器と化すなど、さまざまな点が指摘されています。また、災害時だけでなく、平常時でも、設備の配管が破損して水漏れが発生すると、一般のマンションに比べて、修繕工事が大がかりにならざるを得ません。

また当たり前ですが、超高所での暮らしが成り立っているのは、エレベーターや給排水施設などを稼働させる電気の力があるからです。そのため、超高層マンションだけではありませんが、東日本大震災後、首都圏のマンションでは停電（計画停電を含む）の影響で、エレベーターが停まる、ポンプが停止して水道やトイレが使えない、エントランスの自動ドアが開かないといった問題が生じました。

要するに、非常時、自らが階段で昇り降りできない場合には、高層階で身動きが取れず孤立したり、自宅に戻りたくても戻れなくなるという、いわゆる「高層難民」になるリスクが常につきまとうわけです。

そこで、こうした教訓を踏まえ、最新の超高層マンションの中には、自家発電装置を拡充する物件も増えています。超高層マンションのパンフレットを見ると、自家発電装置が24時間、長いもので72時間稼働すると書かれています。しかしながら、実は、パンフレットの補注などに小さな文字では書かれているのですが、非常用の自家発電装置というのは、あくまでも非常用エレベーターや共用部の照明やエントランスのドア、給水ポンプなどに電力を供給するためのもので、停電しても平時と同じように自由に一般エレベーターで昇り降りできるというわけではありません。

資産価値の下落と管理不全状態

もちろん、非常事態になることは極めて稀《まれ》だから、こうした災害時のリスクを認識したうえで購入すればよいという考え方もあります。「大手企業関連の管理会社がいるし、今は問題なさそうだから安心だ」とも考えられがちです。しかし、分譲マンションは、どのような区分所有者がいるのか、区分所有者による管理組合にどのような意識・能力があるかによって、将来にわたって建物の維持管理が適正に行われるかどうかが未知数という、極めて不安定な仕組みで成り立っていることも認識しておく必要があります。

超高層マンションについては、一般のマンションに比べて、建物の上層階、中層階、下層階で、購入する所得階層が分かれていたり、世代・家族構成が多様なため、管理組合が、様々な事情を抱えた区分所有者同士の合意形成を行い、将来にわたってマンションの維持管理を行うことが果たしてできるのか、専門家の間でも疑問視する声が多いのです。

そして、マンションの維持管理を管理会社に丸投げすると、ずさんな管理や場当たり的な修繕をされたり、新築時に分譲会社が設定した修繕積立金だけでは大規模修繕ができなくなると、資産価値が大幅に下落したり、最悪の場合、管理不全状態に陥る危険性さえ懸念されています。

もし、超高層マンション1棟全てが賃貸住宅の場合には、所有者は企業等であることが多いため、事業者が自分たちの資産価値の維持や収益確保を目的として、建物等の維持管理をきちんと行う場合が多く、たとえ複数の企業間の合意形成が必要な場合でも、住民同士の場合に比べると、ハードルはそこまで高くない場合が多いでしょう。

しかし、分譲の超高層マンションでは、1棟500〜1500戸もの住戸数があることから、区分所有者が大量にいるというだけでなく、居住用か投資用かといった取得目的や区分所有者の所得階層・世代・家族構成・国籍が多様であるが故に、合意形成が極めて難しくなってしまうのです。

特に、大規模修繕等で修繕積立金が不足したり、災害などで突発的に修繕が必要となった場合、修繕すべき内容や各住戸が支出すべき金額について合意形成ができないと、一気に管理不全状態に陥り、不良ストック化の道をたどる危険性も考えられるのです。

加えて、最終的に超高層マンションの寿命が尽きた時に、区分所有権を解消して解体するという合意形成ができるのか、その際の解体費用は捻出できるのかなど、一般的なマンションですら解決できていない分譲マンションの終末期問題が、超高層マンションではさらに大きくなってどうしようもなくなることも懸念されています。

住民同士の希薄な関係性

分譲マンションは、購入者である区分所有者全員で構成される管理組合が、廊下やエレベーター、配管などの共用部分（専有部分以外の全て）の維持管理や補修だけでなく、将来にわたって使えるようにするための大規模修繕を行うこととなります。

区分所有者は、管理規約などを守り、管理費や修繕積立金をきちんと支払うだけでなく、区分所有法に基づき全員が管理組合員となるため、総会の決議に加わる「権利」を得るだけでなく、マンションの共用部分の維持管理を行うという「義務」が生じます。分譲マンションを購入したら、自分は関わりたくないと思っても、管理組合から脱退することはできません。もし、マンションを購入した区分所有者自身が居住せずに賃貸住宅にした場合でも、区分所有者が共用部分の維持管理をする義務に変わりはないのです。

万が一、マンションの維持管理などで何らかの問題が発生した際には、管理組合の理事会は、区分所有法に基づいて総会を開き、一定数以上の区分所有者等の賛成を得て決議を成立させなくてはいけません。そのため、管理組合の理事会メンバーとなった区分所有者は、管理会社のサポートがあるとはいえ、管理組合の業務に時間と労力を割く必要があります。こうした管理組合の活動は、結局のところ、数人の居住者（区分所有者）のボランタリー精神に頼らざるを得ないのです。今後、入居者の超高齢化や多国籍化が進んでいくと、合意形成というハードルだけでなく、管理組合の担い手不足が深刻化することも懸念されています。

分譲マンションという「共同住宅」に住むということは、建物全体の区分所有者との「運命共同体」に加わるということです。分譲マンションの資産価値は、戸建て住宅以上に、居住者によって形成されるコミュニティの状況に大きく左右されるというリスクを踏まえることが重要なのです。

しかし実際のところ、超高層マンションの購入者には、ホテルライクな暮らしを買っているという意識が根強く、住民同士の関係性が希薄で、管理組合のような面倒なことには関わりたくない、あるいはマンションの維持管理などには無関心を決め込むという居住者が多いのが現状です。

適切な維持管理は全ての区分所有者が管理費を支払ってこそ成り立つものですが、実際に、総戸数が多い大規模なマンションほど、管理費を滞納している住戸割合が高くなっており、５００戸を超えるような大規模なマンションの5棟に１棟で、滞納住戸が総戸数のうち10％超もあることが明らかになっています（図表1―5）。

また、自分が居住するために購入した場合でも、ひとり暮らしの区分所有者が死亡した後、相続人がわからない、あるいは相続人がいないために、管理費が徴収できないといった問題も懸念されます。

特に、超高層マンションでは、値下がりしにくい、税金対策になるといった理由により、投資用として購入している層も多くなっており、新築当時からすでに居住していない空き住戸や賃貸にしている住戸が含まれているケースも多くなっています。

投資用に買った人にとっては、オリンピック前に高値で売り抜けようといったマネーゲームの対象でしかないため、将来にわたって住み続けられるように資産を維持・向上させようという考えは希薄な場合もあります。そのため、将来、投資価値が低下した場合など、管理費を滞納する区分所有者の比率が多くなってしまう危険性もはらんでいます。

超高層マンションの不良ストック化問題で、最も深刻な影響を受けるのは、投資用で儲

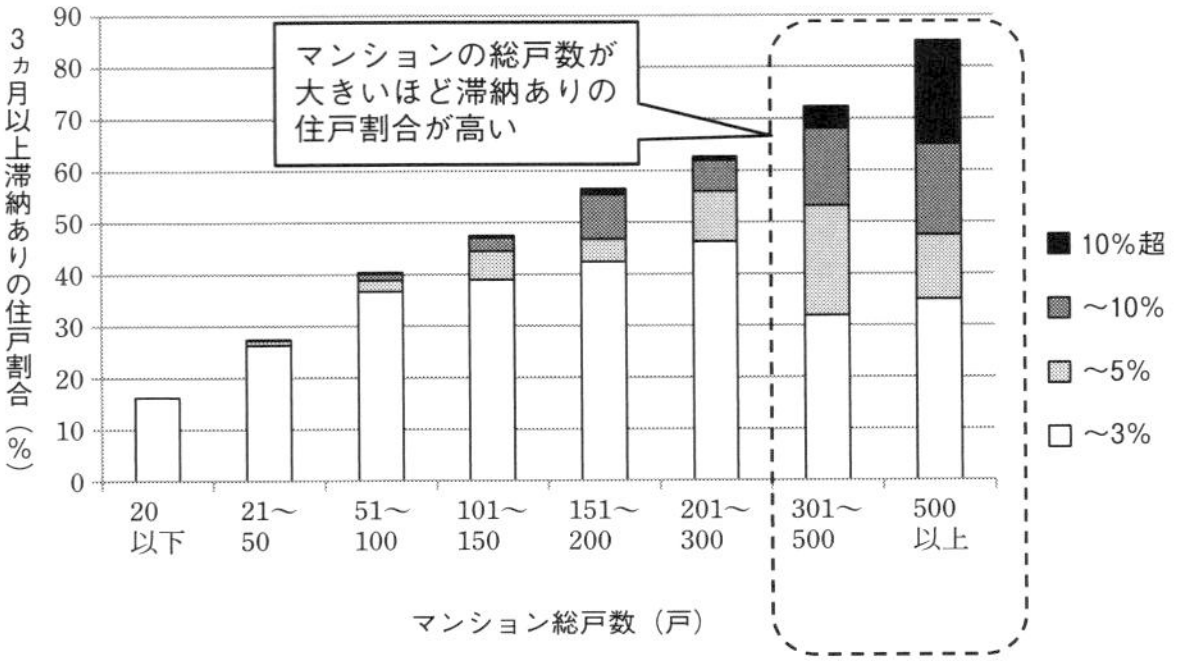

図表1-5　マンション総戸数別の管理費等3ヵ月以上滞納ありの住戸割合
（国土交通省「平成25年度マンション総合調査」のデータより作成）

けようとしている区分所有者ではなく、数十年もの住宅ローンを組んで住戸を購入し、日々、生活を営んでいる居住者です。こうした人たちが、自分たちの日々の生活を守ろうと管理組合で奮闘するだけでは、合意形成のハードルが高すぎて、限界がありまず。

そのため、少なくとも超高層マンションの売買にあたっては、重要事項として購入後に想定される様々なリスクについて、売り主から購入者への詳細な情報提供を事前に義務付けるなどの取り組みは必要不可欠だと言えます。

このように、分譲の超高層マンションが良好なストックとなるための維持管理を行っていくには、一般のマンションよりもかなりハードルが高く、現行の区分所有法や管理組合の仕組みだけでは立ち行かなくなるのです。この問題について、住宅・建設業界も国も十分に認識しているはずですが、見て見ぬふりを決めこんでいるのか、瑕疵《かし》担保責任などの法律で定められた問題以外は区分所有者が解決すべきだと考え、購入者に多大なリスクを負わせたまま、今も超高層マンションはつくり続けられるのです。

超高層マンションが林立するカラクリ

ここで、東京湾岸エリアなどでは、なぜその区域だけ特別に、50階以上もの超高層の建物を建てることができるのか、という疑問を感じている方も多いのではないでしょうか？

そのカラクリは、超高層マンションの建設を後押しするかのように、国と自治体が、その区域の都市計画規制を特別にかつ大幅に緩和しているからなのです。

たとえば、東京都中央区では、図表1－6のように、超高層マンションが建てられた区域のとおり、ほとんどが容積率等の都市計画規制を大幅に緩和することが可能な「再開発等促進区を定める地区計画」の区域となっています。この「再開発等促進区を定める地区計画」とは、まとまった低・未利用地などの土地利用転換や市街地の再開発において、道路や広い歩道・広場等を開発者負担でつくるといった公共貢献を交換条件として、容積率の割り増しや高さ規制・用途規制等の緩和が得られるという制度で、自治体（東京都区部の場合は東京都）が都市計画として決めるものです。

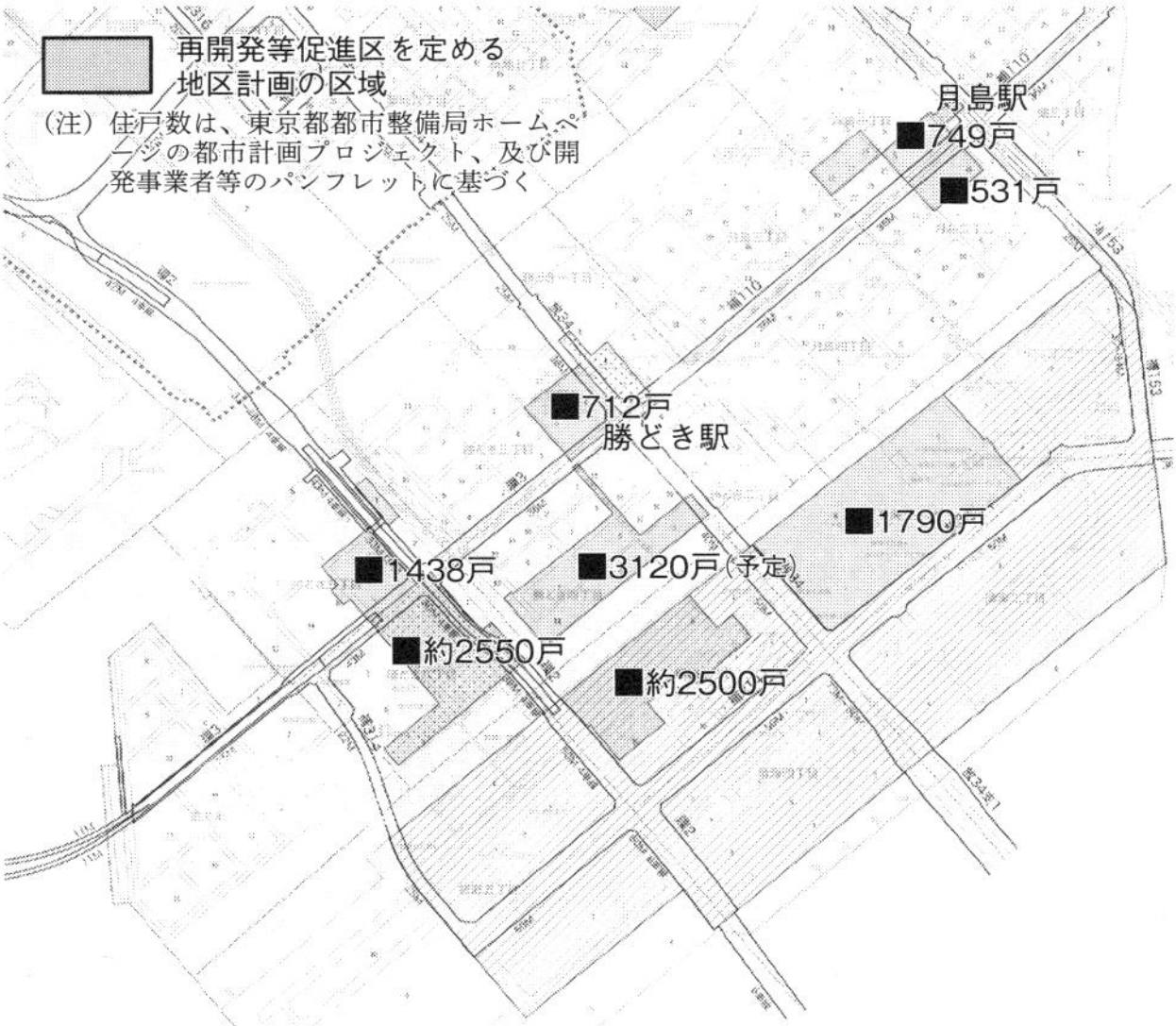

図表 1-6　中央区の規制緩和型の地区計画区域
（中央区都市計画概要〔平成 28 年 6 月 17 日現在〕より作成）

横浜市や大阪市などの他都市でも都市計画の緩和制度が使われ、超高層マンションが建設されています。こうした緩和制度は、1980年以降、様々な形で肥大化しており、今では実に多くの緩和手法があります。都市計画制度以外にも、公開空地《こうかいくうち》（一般に開放され自由に通行・利用できる空地）など一定の要件を満たし、自治体の許可があれば、都市計画の手続きを経ずに、敷地単位で容積率等の緩和が得られるという制度（建築基準法の総合設計制度）があり、超高層マンションの開発では、この総合設計制度がよく利用されています（なお、敷地の条件によっては、こうした緩和制度を使わなくても超高層マンションの建設が可能になっている場合もあります）。

このように、自治体が積極的に都市計画規制を大幅に緩和してまで、超高層マンションの建設を後押しする理由は、「都心居住の推進」や「市街地の再開発」のためとされている場合が多いのです。この背景には、容積率等の緩和で売却したり賃貸できる床面積を増やすことで、事業採算性を向上させ、事業の推進が困難とされる市街地再開発事業を円滑に推進できるよう、公的に支援していこうという意味合いもあります。

「市街地の再開発」とは？

では、なぜ「都心居住の推進」や「市街地の再開発」が必要だと考えられているのでしょうか？

話は少し昔にさかのぼります。大都市の都心部では１９８０年代中頃から１９９０年代初頭のバブル景気により、かつてないオフィス開発ブームと地価高騰を経験しました。

当時、高い賃料をとれるオフィスばかりが建てられ、著しく地価が高騰していきました。その結果、都心部の賃貸住宅の家賃は高騰し、地上げが横行したこともあり、都心部からどんどん住民が出ていき、夜間人口が極端に減少していった時代がありました。

たとえば中央区では、1960年に約16万1000人だった人口が、1995年には約6万4000人にまで減少したのです。そして、バブル期の前から、都心部の地価が高騰したこともあり、一般的なサラリーマン層は住める価格帯の住宅を求めて郊外に住むようになりました。

こうした都市問題の深刻化を背景に、都市計画や住宅政策では、「都心居住の推進」が長年の懸案事項となったのです。

他方、都心居住の推進のために都市を整備しようにも、駅前などのエリアでは、すでに土地が細分化していて、多くの建物が建っているために、土地をまとめないと有効利用できなかったり、道路や公園、バスターミナル等の都市としての基本的な基盤が未整備なままであるなど、その場所にふさわしい活用ができないという問題もありました。

そこで、土地が細分化している、老朽化した木造家屋が密集して災害に弱い、道路や公園が足りないといった問題を抱えている地区において、細分化した土地を一つに共同化することで有効利用ができるようにし、道路や公園といった公共スペースの整備も行い、安全で快適な地区に再編・更新しようという「市街地の再開発」が必要とされ、1969年、「都市再開発法」が制定されました。

都心に比較的近い湾岸エリアなどでは、産業構造の変化に伴って、大規模な工場・港湾施設・倉庫・貨物ヤードなどの撤退や移転が増え、長期間、低・未利用地となったり、自治体が自ら開発主体として行ってきた広大な埋立地が、需要を見込めず手つかずのまま残っているという問題も懸案事項となっていました。

当時、欧米の先進国でも、脱工業化の流れの中で、都市計画規制の緩和や税制・金融等の優遇措置を行いながら、閉鎖された港湾や工場・貨物ヤードなどの大規模な低・未利用地を、オフィス・商業・住宅などが複合化した魅力的なウォーターフロントエリアへと転換する再開発に取り組んでいた時期でもあり、世界的な潮流にもなっていました。

こうした中で、1980年代の中曽根内閣では、民間の都市開発投資を促進するための規制緩和が政治的な至上命題になり、公民のパートナーシップ型開発（＝民活）として、不足する道路や公園等を整備しながら、土地の有効利用・高度利用を可能とする新たな都市計画制度が検討され、1988年に再開発地区計画という制度が導入されました。この制度はのちに、「再開発等促進区を定める地区計画」という名称となり、近年、湾岸エリアの超高層マンションが建つ区域の多くで利用されているわけです。

特にバブル崩壊以降には、小泉政権となった2000年代、国は、景気刺激、不況対策などの経済対策やそれに伴う民間活力の導入施策として、都市計画規制・建築規制の緩和をかなり積極的に進めていきました。

東京都も、石原都政の時代に、戦略的に政策誘導型の都市づくりを展開するための基本的な方針として、「東京の新しい都市づくりビジョン（２００１年10月）」を策定しました。このビジョンでは、「都心居住の推進」と「市街地の再開発」を進めるために、センター・コア・エリア（東京都の首都高速中央環状線内側の地域や湾岸エリア等）内の複合市街地ゾーンと位置付けられた区域内であれば、都市開発諸制度*2を利用することによって、容積率等を緩和する制度の利用を可能としたのです。

広すぎる緩和可能エリア

ここで問題なのは、東京都が、「都心居住の推進」のために容積率等の緩和を可能とした区域があまりにも広すぎるということなのです。

具体的に言うと、東京都は容積率等の緩和を可能とする区域として、駅周辺地区などに限定して拠点的に指定するのではなく、おおむね首都高速中央環状線の内側と湾岸部のほとんどを含んだ極めて広大（過大）なエリアを指定したのです。その結果、特に倉庫や工場跡地、埋立地の「市街地の再開発」と「都心居住の推進」を図るためということで、容積率等の大幅な規制緩和が積極的に行われ、超高層マンションの林立が進んだわけです。

では、なぜ、容積率等の緩和を可能とする区域に、都心部だけでなく、湾岸エリアまで指定されたのでしょうか？

それは、バブル経済の崩壊、１９９６年に予定されていたお台場での世界都市博覧会の中止、２００８年リーマン・ショックなどの影響により、湾岸エリアに広大に残されている工場や物流施設・倉庫の跡地の土地利用転換や低・未利用の埋立地の開発を促進することが長年の悲願だったからです。さらに、湾岸エリアで未整備だった幹線道路の沿道での開発を誘発・推進することで、環状2号線などの幹線道路の整備を促進したいという行政側の意図が影響しているものと推測されます。こうした背景もあり、湾岸エリアには、都市計画規制の緩和だけでなく、国から認定を受ければ、税制や金融等の特例措置が得られる特区として指定されている区域もあります。

つまり、広大な湾岸エリアのほぼどこでも、再開発を進めるための条件が整えば、開発事業者が局所的に容積率等の大幅な緩和を利用できるという可能性を持たせているということなのです。

都市計画規制の緩和というのは、都市計画審議会（自治体の都市計画に関する事項を調査審議するための附属機関）の議を経て、知事や市長が決定したり、許認可することで実現します。

しかし、都市計画審議会には、自治体担当者と開発事業者が事前協議を行った最終的な計画案、つまり、計画としてほぼ固まったものが提出されるため、その場でいろいろな意見が出たとしても、この段階で大幅に変更されることはほとんどないのが現状です。

特に問題なのが、「都心居住の推進」として必要な住戸タイプや住戸数の将来目標量を設定したうえで、その目標量をエリアごとに割り当て、都市計画規制の緩和を行ってはいないという点です。つまり、今の都市計画や住宅政策は、超高層マンションで供給される住戸数がどんどん積み上がる事態を全体的にコントロールしているわけではないのです。

たとえば、湾岸エリアのある区域では、現在、3棟の超高層マンションを伴う市街地再開発事業が進められています。この区域は、もともと容積率400％（一部600％）が指定されていましたが、都市計画規制の大幅な緩和が行われた結果、最高で1070％に引き上げられ、約3000戸もの新築住宅が供給される予定になっています。

個々のプロジェクトの計画内容の是非はさておき、そもそも、この地区に3000戸もの住宅がつくられる量そのものの妥当性や、全体として住宅の量が積み上がっていくことへの影響に対して、丁寧な検討も調整もされていないのが実態なのです。

「公共貢献」という大義名分

ここで、特定の開発プロジェクトだけが、特別に容積率等の緩和を許容されているのは不公平ではないかと感じる方もいらっしゃると思います。

超高層マンションの建設を実現するためには、自治体が開発事業者等から提出された開発計画書をベースに、個々のプロジェクトごとに、容積率等の緩和の妥当性の評価や手続きを行うこととなります。その際の自治体側の論理（＝大義名分）は、その開発プロジェクトの計画内容が、広場などのオープンスペースの創出など、区域内や周辺市街地環境の整備・改善に対して、どの程度貢献しているかによって評価している、というものです。

東京都では、開発事業者から提出された開発プロジェクトの計画内容が、その区域内や周辺市街地の開発・整備に貢献する度合いや、東京都が望ましい都市づくりの方針としてあらかじめ育成すべきと定めた用途かどうかなどを総合的に評価し、容積率の割り増しを行っています。この容積率割り増しの算定のための評価対象となるのは、道路・公園・広場や、歩道等の有効空地、歩行者専用デッキや地下鉄出入口といった公共的なオープンスペースの設置だけでなく、住宅、子育て支援施設、高齢者福祉施設などの設置も対象となっています。なお、これら全てを設置するよう求められているのではなく、開発事業者が計画した整備内容に応じて、公共への貢献度が評価され、容積率の割り増しがなされるという仕組みになっています。

問題なのは、この容積率割り増し算定のための評価対象（育成用途）の中に、公共施設だけではなく、「住宅」も含まれていることです。つまり、「都心居住の推進」という美辞麗句で、住宅の容積率等の規制緩和についても「可」と評価されるという、住宅過剰社会を助長する仕組みが、ひそかに埋め込まれているわけです。

一方で、民間のデベロッパーにとっても、分譲タイプは賃貸マンションや賃貸オフィスビルに比べて、長期にわたる市街地再開発事業の事業リスクを立地によっては小さくすることができるため、再開発プロジェクトに超高層マンションを盛り込むことにはとても意欲的です。こうした行政側と民間側の思惑が一致している側面もあり、超高層マンションの林立を後押しする流れが止まる兆しは見えないのです。

「排他的な雰囲気」を出すために

私自身、市街地再開発事業で生み出された数多くの超高層マンションを見てきましたが、確かにその開発プロジェクトがなければ実現しえなかった、と評価できる必要性の高い公共貢献があるケースも見られます。しかし、正直に言って、公共貢献として生み出された広場や歩道といったオープンスペースが、大幅な容積率割り増しのための交換条件として評価できるほどの高い効用を持つものなのか、疑問に感じる案件もあります。

たとえば、区域内に設けられた広場については、計画書には、災害時に一時滞在スペースになると書かれています。ところが、建設後の状況を見ると、マンションのエントランスへのアプローチとして、ハイグレード感を出すためなのか、背の高い樹木や植栽を配して、オープンスペースとして使える面積はかなり少なくなっていました。これは本当に災害時に一時滞在スペースとして機能するのでしょうか？

また、計画書に公共貢献として列挙されている歩道・緩衝緑地・地域防災倉庫などは、通常のマンション計画でも、マンション居住者のために、あるいは、マンションの商品価値を上げるために、今時当たり前に整備されることが多いため、規制緩和がない場合とある場合で、一体何がどの程度異なるのか？　と思う案件もあるのです。

超高層マンションの設計経験がある方から聞いた話では、超高層マンション設計者としての腕の見せ所は、容積率等の割り増しのための評価ポイントが高くなるようにしながら、その公共的なオープンスペースを最大限利用して、エントランスへのアプローチ空間や植栽などの外構デザインを工夫し、超高層マンションの「ハイグレード感」と「プライベート感」を出すことなのだそうです。

そして、大手企業には、こうした容積率の割り増しポイントを勝ち取るための設計ノウハウがかなり蓄積されているそうです。私が調査をした超高層マンションの中には、広場と称するオープンスペースに、ボリューム感のある植栽を巧みに配置して、マンション居住者以外の一般の通行人が入りにくい「排他的な雰囲気」を醸し出すデザインが採用されているケースもありました。これの一体どこが公共貢献なのでしょうか。

これまで地域に不足していたオープンスペースを創出し、広く公共的に利用できるようにすることが容積率等の緩和の本来の趣旨であるはずなのに、自治体側の杓子定規な運用と民間側の容積率割り増しのための設計ノウハウの蓄積によって、大幅な都市計画の緩和が許容され、超高層マンションはつくり続けられているのです。

投入される多額の税金

公共貢献と称した大義名分で容積率等を大幅に規制緩和しているだけではありません。実は、自治体によっては、超高層マンションの建設を後押しするかのように、規制緩和に加えて、多額の補助金を投入している場合があるのです。

たとえば、中央区のここ数年間の予算書を見ると、超高層マンションの建設を伴う市街地再開発事業に対して、容積率等の大幅な緩和に加え、1地区で70億〜90億円もの補助金が出ています。中央区内の超高層マンションを伴う市街地再開発事業に投入された補助金総額*3を調べてみると、1戸当たりに換算した補助金額は300万〜1200万円にもなっていました。これらの補助金の半分は、国の補助金から出ており、中央区民だけでなく、私たち国民の税金からも支出されています。

補助金の対象は、権利調整作業に必要な調査設計関係費用、除却費用、補償費、共同施設の整備費用などですので、各住戸の専有部分に対して支出されているわけではありません（ただ、補助金の投入によって、超高層マンションの販売価格に何らかの影響を与えている可能性はあります）。

こうした市街地再開発事業への補助金は、都市再生や中心市街地活性化を目的にした地方都市でも支出されています。特に、地方都市では、市街地再開発事業として補助金にかなり依存している場合も見られます。逆に、23区内でも、こうした市街地再開発事業に対して、補助金を全く投入していない区もあり、自治体によって対応はまちまちです。

なお、規制緩和を可能とする「再開発等促進区を定める地区計画」を定めた場合には、補助金の有無にかかわらず、当然、地区計画で位置付けた広場等のオープンスペース等は整備しなくてはいけないため、補助金がなければ創出されないということはありません。

「市街地の再開発」自体は悪くない

このような市街地再開発事業に対する国庫補助制度*4は、1970年に創設されたのですが、駅前広場をつくるといった市街地環境の改善のために、市街地再開発事業が悲願だった時期につくられたものです。補助金の仕組みは、高度経済成長期の枠組みのまま、抜本的に見直されることもなく、そのまま今も引き継がれてしまっているのです。

所得の高い世帯しか買えない住戸が大半を占める超高層マンションの建設が主目的の市街地再開発事業に対して、広場等の創出や保育園の設置などの公共貢献があるとはいえ、大幅な容積率割り増しだけでなく、補助金として多額の税金が使われていることに、私自身は強い違和感を持っています。

ただし、誤解してほしくないのですが、「市街地の再開発」を行うこと自体が悪いというわけではありません。大都市では、駅前などで古くからの木造住宅が密集していたり、土地が細分化して老朽化したペンシルビルが建ち並んでいる地区では、合理的な土地利用ができない場合も多いのです。こうした市街地環境の再編・更新のために、再開発事業等を行い、地価が高くて整備が難しいオープンスペースや、本当に不足している保育園・高齢者福祉施設等を充実させることは、今後も引き続き進めていくべきです。

そして、様々な地権者等同士の合意形成や権利関係の調整という高いハードルを乗り越えるために、民間事業者の参画を得られるように公的にも支援をしながら、都市を再編・再生していくことは必要不可欠です。

しかし、日本はもう住宅過剰社会に突入しています。「都心居住の推進」や「市街地の再開発」のためという過去の残像を引きずり、個々のプロジェクトごとの視点だけで規制緩和や補助金をむやみに投入し、住宅総量と居住地総量を拡大する時代は終焉しているということを前提にすべきです。

都市計画の専門家である佐々木晶二氏は、再開発事業における補助金と政策金融の役割分担のあり方について、こう指摘しています(8)。

「社会保障費が一般会計ベースで一兆円以上自然増する厳しい財政状況の中で、同じ程度の効果が発生するのであれば、補助金のように現世代で資金を使い切ってしまう制度よりも、政策金融制度を用いて、その資金を将来回収して次世代においても政策手段として用いることができる制度に予算配分を重視すべきという、財政政策の観点からの議論もあると考える」

つまり、市街地再開発事業に対する補助金については、無利子での貸付などの政策金融で対応する方向に軸足をうつすことを本格的に検討すべきです。

都心居住の推進にゴールはあるのか？

では、「都心居住の推進」のゴールはどうなっているのでしょうか？

東京都中央区では、1995年に6万3923人と過去最低の人口を記録したことから、中央区基本構想の目標として「定住人口10万人」を掲げ、都市計画の緩和による積極的な住宅開発誘導政策を行ってきました。その結果、特に湾岸エリアでの超高層マンションなどの建設が進み、人口はV字回復し、2006年に定住人口10万人という目標を達成しました（図表1–7）。

しかし、超高層マンションを伴う市街地再開発事業などの規制緩和を伴う「都心居住の推進」施策はとどまることを知りません。定住人口10万人という目標を達成しても、人口は増加し続け、現在、14万人を超えています。今後も湾岸エリアでは超高層マンションをはじめとする開発が目白押しです。

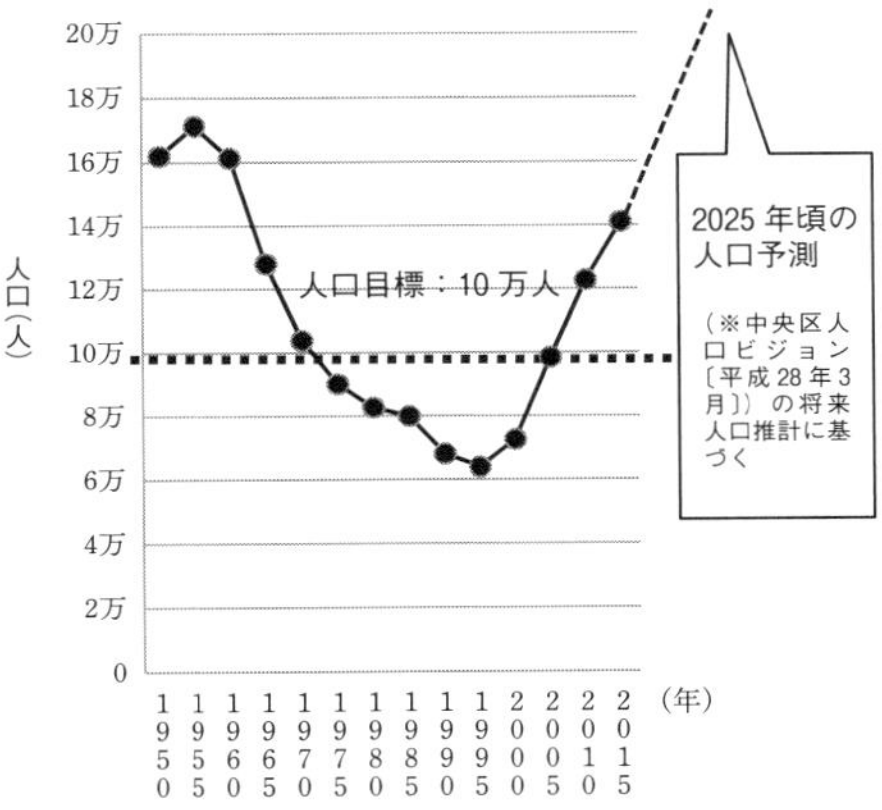

図表1-7　東京都中央区の人口のV字回復
（国勢調査より作成）

中央区人口ビジョン（平成28年3月）の将来人口推計によると、人口の自然増減、社会増減、開発などの傾向が今後も続いた場合、東京オリンピック後の2025年頃、中央区の人口は約20万5000人に達することが見込まれています。

確かに、都心に近い湾岸エリアで、民間活

力を導入して、多くの人が職住近接の暮らしができる住宅の開発を行うことは、都心居住政策の重要な柱の一つであり、バブル崩壊やリーマン・ショックから立ち直るための経済対策として、政治的判断で取り組まざるを得ない面もあったでしょう。不動産市場としても、オフィスや商業施設の需要があまりなかったために、超高層マンションばかりが供給された面があると思います。

自治体側も、超高層マンションの開発プロジェクトが随時、随所に多発して、たとえ小学校の教室が足りなくなることが明らかでも、事前に公表している基準やガイドラインに適合していないと明らかに判断できる場合でなければ、容積率等の緩和を許容せざるを得なかったと考えられます。

しかし、問題なのは、こうした様々な事情があるとはいえ、規制緩和の政策を止めるきっかけも明確なゴールもなく、必然的に「やめられない・止まらない」という状況が続いている点です。

近年、東京で行われている開発の中には、狭い区域に超高層マンションがバラ建ちし、そこへの公共投資を繰り返しながら、過密で圧迫感のある住環境をつくりだしているケースもあります。超高層マンションは、前述したように、住宅単体として不良ストックになってしまうリスクが解決されておらず、超高層マンションがバラ建ちしたまち全体が、魅力ある住環境として次世代に安心して引き継げるのか、疑問を感じざるを得ません。

一体いつまで、「都心居住の推進」ということで、個々のプロジェクトごとに緩和が行われ、積み上がっていく住宅の量に対して、全体的にコントロールされないまま、都市計画・建築規制の緩和を続けていくのでしょうか？

東日本不動産流通機構の市況トレンドのデータ(9)を見ると、東京都内の中古マンションの在庫件数は、２０１５年５月から17ヵ月連続で前年同月の在庫数を上回っています。２０１５年５月は１万７７３６件だった中古マンションの在庫件数は、２０１６年９月には2万５３９５戸と17ヵ月で１・４３倍に増えています。

中古マンションというのは、基本的に需要と供給のバランスで成り立っており、（立地にもよりますが）在庫があふれている状況では、必然的に物件価格は下落します。そのため、同じエリア内に競合物件が多いと、一刻も早く現金化したいという売り主がいた場合、大幅な値引きに応じることになり、安売り競争が始まります。いったん、こうした物件価格の下落がおきると、これまでそのエリアの物件には手が出なかった購入者が増え、他のエリアにも物件価格の下落が連鎖していく、つまり住宅の資産価値の低下がまち全体に飛び火していくというリスクがあるのです。

東京であっても、世帯数というパイはこれまでのようには増えません。そして、社会保障関係のコストや老朽化した公共施設・インフラの更新コストの負担はどんどん大きくなっていきます。

これ以上、住宅過剰社会を助長しないよう、長期的な視野から、都市計画・建築の規制緩和のあり方について、真剣に議論すべき時期にきているのです。

2・郊外に新築住宅がつくり続けられるまち

住宅の建設ラッシュがおきた川越市

住宅過剰社会という大問題は、ここまで見てきたような、東京の話だけではありません。大都市の郊外や地方都市のまちでも、焼畑的に新築住宅がつくり続けられています。大都市の郊外や地方都市でも、市街地や農村集落から少し離れたエリアで、新築の住宅が農地の合間に入り組んで建てられている光景を目にすることが多くあります。

埼玉県川越市は、池袋駅から鉄道で約30分のベッドタウンであり、「小江戸」と呼ばれる伝統的な蔵造りの街並みで有名です。一方、川越市郊外に目を向けると、近郊農業を行う農地や樹林地が広がっていますが、近年、その中に、図表1－8のように、無計画・無秩序に住宅地が入り組んで開発されています。

川越市では2006年頃から、戸建て住宅やアパートの建設が急激に増え、6年間で計155haもの農地や樹林地が宅地化されました。その結果、これまで税金を投入してインフラ等を整備してきた既成市街地では人口が減少しているにもかかわらず、郊外の農地エリアでは人口が増加しているという不思議な現象が生じました（図表1−9）。

そのため、一部の地区では人口が急増し、農地エリアにある小学校で教室が足りなくなり、増築しなくてはいけないという東京湾岸エリアと同じような事態に至りました。

こうした現象は、何も川越市だけが特別なわけではありません。日本全国の大都市郊外にある多くのまちで、これまで税金を投入して整備をしてきた中心市街地やニュータウンの人口は減少しているのに、郊外の農地が無秩序に宅地化され、野放図に新築住宅がつくり続けられているのです。

旧住民と新住民の軋轢

では、こうした郊外の農地エリアで新築住宅が増える現象は、何が問題なのでしょうか？

川越市では、まとまった農地エリアにも、宅地化が進行していきました（図表1−8）。農地エリアが虫食い的に宅地化されていくにつれ、急激な農地や樹林地の減少など、まずは自然環境上の問題が出ました。それだけでなく、農家や自治会等からの様々な苦情が行政に寄せられるようになりました。

郊外の農地エリアは、公共下水道が通っていない区域が多く、各敷地内の浄化槽で汚水を浄化してから、道路の側溝や農業用の水路に流すこととなります。この浄化槽は、一般

図表1-8　農地や樹林地に入り組んでつくり続けられる新築住宅（Google Maps）

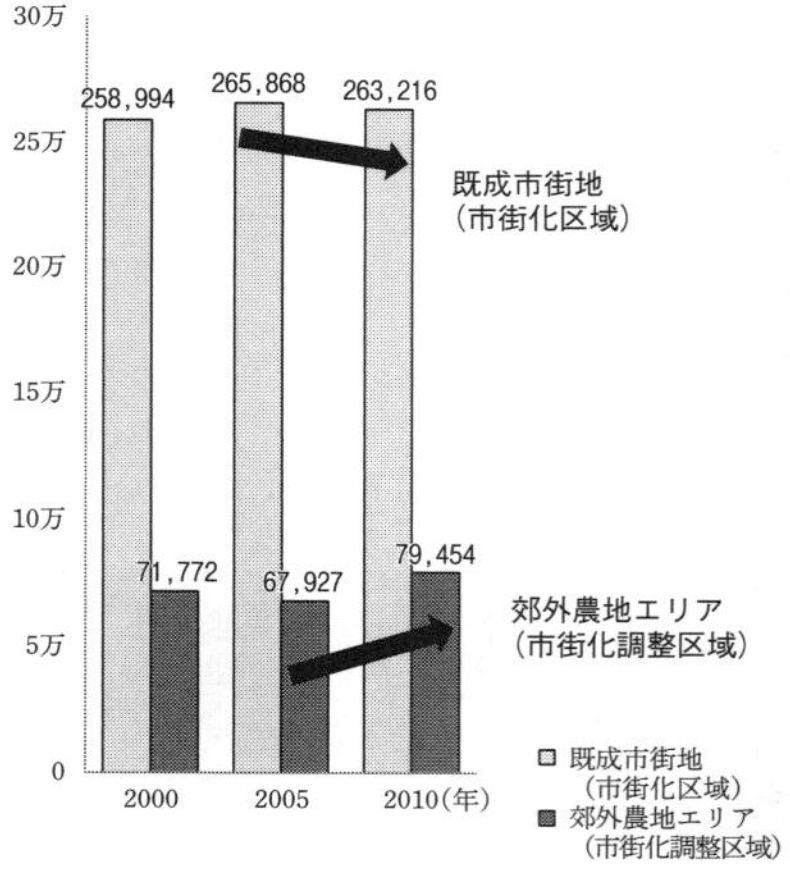

図表1-9　川越市の人口推移
（川越市立地適正化計画策定研究会資料〔平成27年7月〕より作成）

的に年2回程度のメンテナンスが必要で、費用がかかります。しかし、分譲住宅の住民の中にはメンテナンスを適切に行っていない場合もあり、浄化不十分な生活排水が、側溝や農業用水路（特に取水用水路）、河川等に流入し、悪臭や水質悪化など、営農環境へ影響を与え始めたのです。

こうした排水問題に加え、農地エリアに住宅地が入り組むことにより、こんどは後からきた新住民から、農地の農薬散布や堆肥の臭い、農機具の音などについて苦情が出ました。また、新住民の中には、昔ながらの集落に住む旧住民とコミュニケーションをとらない、ゴミだしなどのマナーが悪い、自治会活動や新住民の生活排水を放流している地域の水路の清掃活動に非協力的な者がいるといったことから、新旧住民の軋轢《あつれき》が生まれ、コミュニティが崩れかかる問題も出てきたのです。

人口が増加することは、必ずしも農村集落の地域活性化にはつながらないのです。

車とネットがあれば大丈夫？

農業への影響や地域コミュニティの問題が懸念されるとしても、こうした郊外の農地エリアで新築住宅を購入するのは、子供がいる・生まれる若い世帯が多いために、自家用車を利用すれば、生活には大きな支障を感じていないでしょう。

車で少し走れば、大型ショッピングセンターやコンビニがあり、ロードサイドには、ニトリ、ユニクロ、眼鏡市場、ガストなどの全国チェーン店が建ち並んでおり、郊外や地方都市のライフスタイルを支える存在となっています。加えて、アマゾンをはじめとするネット通販やスーパーの宅配サービスを利用すれば、まちに出なくてもほとんどのものが手に入る時代にもなっています。

むしろ、郊外エリアは地価が安く購入価格が抑えられる、ガーデニングもできる敷地規模がある、複数台の駐車スペースが確保できる……など、買う側にとっては、郊外の新築戸建てだからこそのメリットが多いとも感じるでしょう。

そのため、開発業者側にとっても、地価の安い農地エリアは売りやすく、開発できる農地が見つかれば、立地にあまり左右されずに、新築住宅を建てていくのです。

しかし、住民が歳をとって、車が運転できないようになったとたん、ネットでは賄《まかな》えない生活の部分に様々な支障が出てきてしまうのは確実です。将来、自家用車の自動運転ができる時代が来ると言われていますが、交通の専門家に伺うと、身体能力や判断能力の衰えが進行している高齢者が、完全に自動運転で自由にまちを行き来できるようになるのは、どんなに早くても何十年も先になるだろうということでした。

それでは、高齢者になる前に住み替えたらよいと考えるかもしれません。ところが、住宅過剰社会にあって、住宅ローンを払い終わった時期には、売却しようとしても買い手がつかない可能性もあり、住み替え自体が難しくなることも懸念されます。

川越市郊外の農地エリアでは、数年前に開発許可を受けた土地の2割程度がいまだに売れ残っていると言われており、車でしかアクセスできないような立地の住宅需要の低下がすでに始まっている可能性もあるのです。

低密に拡大したまちは暮らしやすいか？

今後、大都市郊外や地方都市は、空き家化・空き地化・放置化された土地がまだら状に点在しながら、「スカスカ」していく、つまり人口密度が低下していくこととなります。空いた土地に新築住宅が建てば、新規住民が入ってくるかもしれませんが、先に述べたように、既存の住宅を除却して、引き続き、その敷地で住宅を建築するという再建築率が10%程度しかないという現状では、あまり期待できません。

では、低密に拡大したまちは、将来も引き続き、暮らしやすいまま維持されるのでしょうか？

まちに適度な人口密度がなくなると、行政のサービスである救急医療、警察の緊急対応、水道の提供、道路の維持管理・清掃、ゴミ回収、はたまた、民間サービスである宅配、訪問介護、在宅医療などの生活に必要なサービスの提供が、移動時間の非効率さや財源不足から、これまでのようにはいかなくなる危険性があります。

水道事業は、人口減少や節水による需要の低迷に加え、老朽化した設備の更新負担などで採算がすでに悪化しています。新日本有限責任監査法人と水の安全保障戦略機構事務局によれば、2040年度までに水道料金の値上げが必要と推計される事業体数は分析対象全体の98%で、これらのうち約半数の事業体で、水道料金を3割以上引き上げなければ維持できないと試算されています(10)。

今後、さらに人口の低密化が進行すると、これまであったロードサイドの大型ショッピングセンターやチェーン店、地方都市や郊外の暮らしに欠かせないガソリンスタンドなどは採算が合わず、複数店舗の統廃合や撤退するところが増え、今よりももっと遠いところに車を走らせなければ暮らしが成り立たなくなるでしょう。

みずほ銀行によると、1997年時点のスーパーの地方店舗の2013年時点の存続率は、イトーヨーカドーは57%(26店舗が閉鎖)、イオンは73%(35店舗が閉鎖、他に27店舗が移転増床・業態転換)とされており、特に地方都市で店舗の閉鎖が相次いでいます(11)。大都市部でも、イトーヨーカドーの新浦安店、東習志野店、千住店、戸越店など、閉店が相次いで発表されています。

公共施設・教育・医療・福祉系施設などの施設も、人口減少・財政難により、統廃合され、現在よりも広域エリアを対象とせざるを得なくなるでしょう。鉄道沿線やバス路線も、路線の縮小・廃止を迫られ、高校生以下の子供たちの通学にも支障が出てくるなど、車に乗れない若者や高齢者の暮らしやすさが一気に低下してしまいます。

『週刊東洋経済』によれば、首都圏の鉄道網を持つＪＲ東日本ですら、黒字なのは、全70路線のうち18路線しかなく、52路線が赤字とされています(12)。赤字路線ばかりの地方都市では、自治体が税金で路線維持のために支援している場合が多いですが、このまま将来も支援し続けられる財政力が自治体にあるのかも疑問であり、近い将来、路線の廃止が相次ぐ危険性が懸念されます。

このように、人口減少と人口密度の低下によって、様々な問題がじわりじわりと迫りつつあります。長期的に見ると、低密に拡大した郊外の住宅は、住宅単体としての話はさておき、周辺のまちを含めた住環境として見た場合に、今のように暮らしやすいまちのままであるかは極めて未知数であることについて、十分に認識する必要があるのです。

新築住宅が野放図につくり続けられるカラクリ

少し専門的な話になりますが、都市計画法では、基本的に、国土の中で都市計画法を適用する区域を都市計画区域[5]として定めています。

ある程度大きな都市については、この都市計画区域を、市街地として積極的に開発・整備する「市街化区域」と、原則として市街化を抑制すべき「市街化調整区域」の二つに区分しています。そしてこうした区域に区分することを、都市計画の業界用語では「線引き」と呼んでいます。

「市街化区域」は、都市計画区域のうち、建前としては、すでに市街地を形成している区域やおおむね10年以内に優先的かつ計画的に市街化を図るべき区域で、市街地として積極的に開発・整備する区域とされています。

他方、「市街化調整区域」は原則として、市街化を抑制すべき区域とされており、無秩序な市街化を防止し、優れた自然環境等を守るために、農家等の住宅や農林漁業に必要な建物の建築は認められていますが、農家以外の市民が新しく住む住宅の開発は認められません。ただ、観光促進などのための開発については、一定の基準（都市計画法第34条の立地基準）を満たせば特例的に開発許可[6]が下りることとなっています。

このように、市街化調整区域内で行われるほとんどの開発は、自治体による開発許可が必要となります。

川越市では、図表1－10の灰色の部分が市街化区域、郊外の白い部分が市街化調整区域

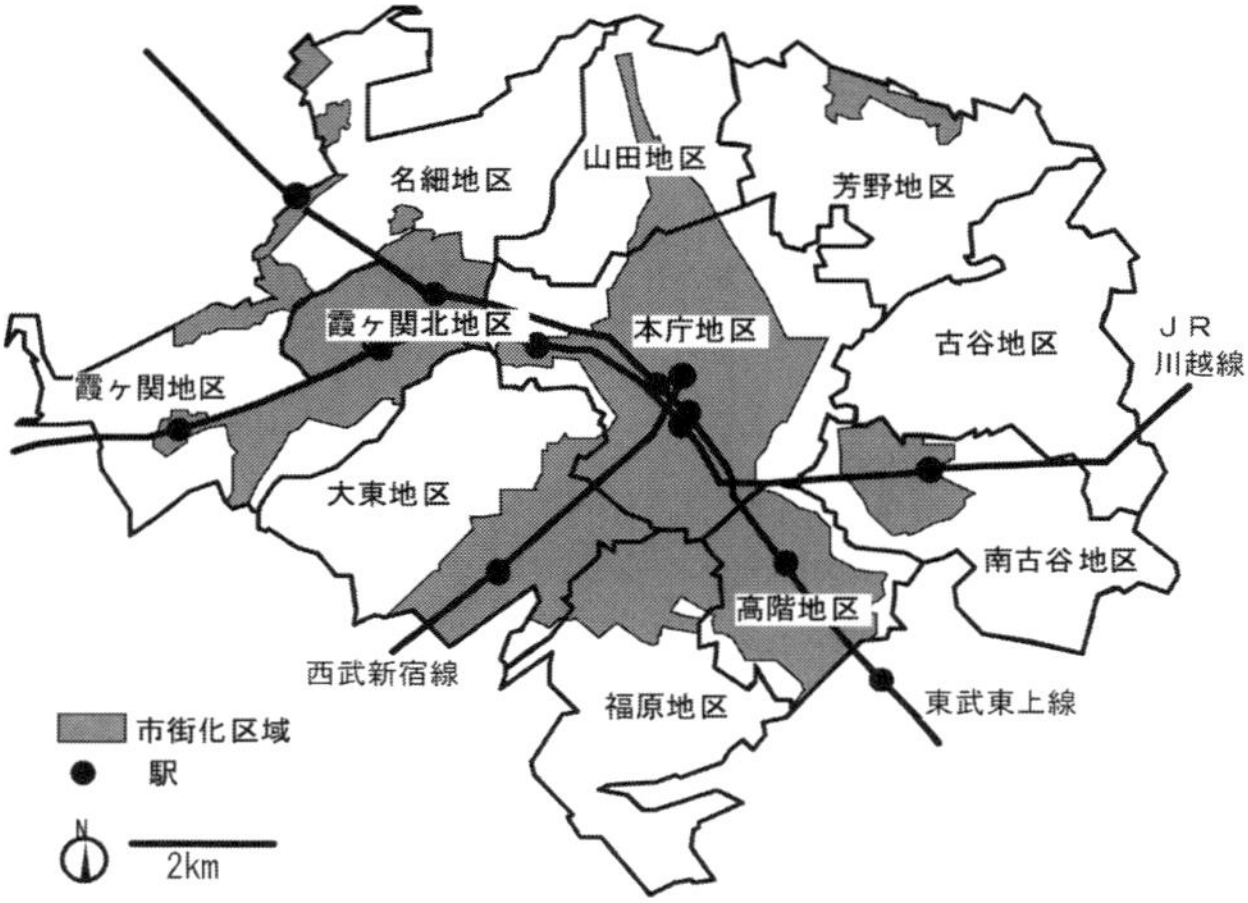

図表1-10　川越市の市街化区域と市街化調整区域
（川越市都市計画図に基づき作成）

に指定されています。一般的に、中心市街地や建物が建ち並んでいる既成市街地は市街化区域に、郊外に広がる農地が多いエリアは市街化調整区域に指定されています。

では、こうした都市計画法による開発の規制があるのに、なぜ、川越市の郊外の農地エリアで、２００６年頃から、農地や樹林地に、新築住宅の建設が急激に増えてしまったのでしょうか？

そのカラクリには、またしても、都市計画の規制緩和が関係しているのです。

バブル崩壊以降、日本経済の成長、景気刺激、不況対策などの経済対策やそれに伴う民間活力の導入施策を背景に、都市計画や建築の規制緩和が相次いで行われ、特に大都市では超高層マンションの林立が進んだことを述べましたが、**実は同じような時期に、大都市郊外に広がる市街化調整区域の開発許可基準についても大幅に緩和がなされた**のです。

具体的には、２０００年の都市計画法改正によって、開発許可権限のある自治体が、開発許可基準に関する規制緩和の条例*7を定めれば、市街化調整区域でも宅地開発が可能とされたのです。

川越市では、議会や不動産業界、一部の農地所有者からも早く都市計画法の規制緩和条例の制度を生かして、市街化調整区域の規制緩和を進めてほしいという強い要望がありました。当時の市も、人口増加に対する希望が強かったことから、２００６年5月に条例を施行し、市街化調整区域の規制緩和が行われました。しかし、川越市では、規制緩和を可能とする区域を指定する際に、地図上に規制緩和を可能とする区域として明確に線を引くことはせず、前面道路の幅員や排水等の要件が合えば開発を許容するという文言だけで区域指定をするという手法をとりました。

そのため、農地関係の規制が厳しく、宅地開発ができない区域以外で、前面道路の幅員や排水等の要件さえ満たせば、市街化調整区域のほぼどこでも宅地開発が可能となったわけです。その結果、川越市の市街化調整区域の緩和による開発許可が行われた面積の合

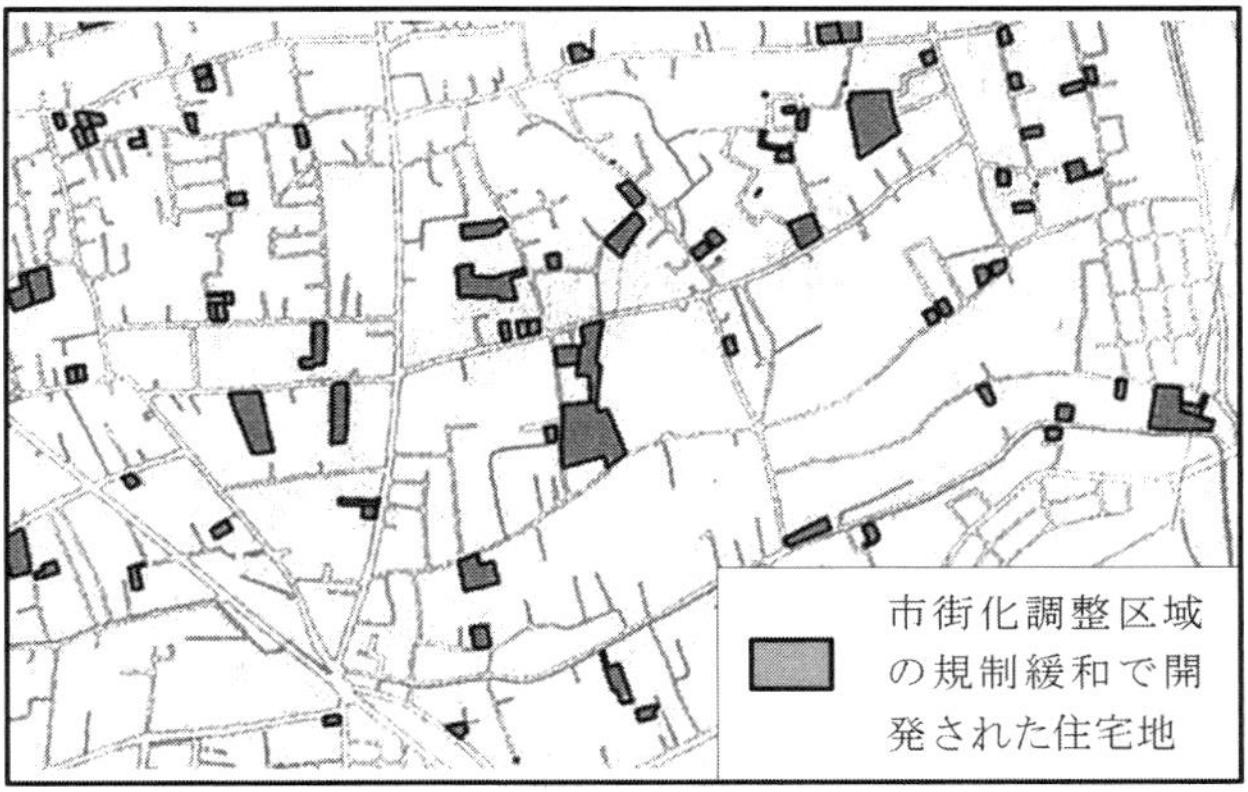

図表1-11　川越市の規制緩和で開発された住宅地
（川越市提供データに基づき〔公財〕都市計画協会・筆者が作成）

計（２００６年５月から２０１２年２月末まで）は、約１５６haにのぼり、図表１－11のように、もともと農地や樹林地だった土地の多くで無秩序な宅地化が進行しました。そして、農地エリアで人口密度の低い居住地が点在しながら広がり続けることになったのです。

まちなかの開発意欲を奪う都市計画

川越市では、市街化調整区域の過度な規制緩和が行われた結果、図表１－12のように、開発許可面積の割合は、規制緩和を行った当初から、市街化区域より、市街化調整区域のほうが大幅に上回ってしまったのです。

つまり、市街化調整区域の規制緩和直後から、本来、都市計画として、市街化を「促進・誘導すべき」市街化区域よりも、「市街化を抑制すべき」とされた市街化調整区域での新築住宅地開発が活発に行われてしまったということです。

川越市の郊外の農地エリア（市街化調整区域）の新築分譲物件を詳細に見ると、地価が安いために、土地・建物自体を広くとれ、駐車場も2台分程度確保できます。また、都市計画税*8もいらないために、規制緩和によって、市街化区域よりも、売りやすい・売れる市街化調整区域のほうに開発がシフトしてしまったわけです。

実際に市街化調整区域の宅地開発を行った不動産業者の社長はこう言います。

「都市計画の規制緩和によって、市街化調整区域の開発ができるようになり、市街化区域よりも市街化調整区域のほうが売りやすくて儲かる。だから、市街化調整区域の開発を多数手がけるようになったけれど、個人的には、まるでバブル時代のように市街化調整区域で新築住宅の建設ラッシュがおきてしまい、農地が無秩序に宅地化され続けることに危機感を覚えていた。市街化調整区域の規制緩和が無くなれば、市街化区域で、本来の分譲住宅などの開発事業に専念していきたい」

つまり、本来は開発を抑制すべきエリアの地価が安い農地エリアの規制緩和は、近くにある市街化区域の開発意欲の低下をもたらしてしまったということがわかります。もし、そのまま市街化区域での開発意欲が低下し続け、将来的には、市街化区域の人口密度が低下すると、税金を投入して整備してきた下水道事業なども経営が成り立たなくなる危険性が生じてしまいます。

さらに、都市計画税という税金も、まちなかの開発意欲を奪ってしまう要因となりました。土地や建物を所有していれば、全員、固定資産税と同じように納税するものと思っている方も多いかもしれません。しかし、都市計画税は、一般的に、市街化区域の土地・家屋には課税されていますが、市街化調整区域のそれには課税されていません。その背景には、都市計画税は、固定資産税とは異なり、下水道の整備や土地区画整理事業といった都市計画事業を行うために課税する目的税であるからということもあります。

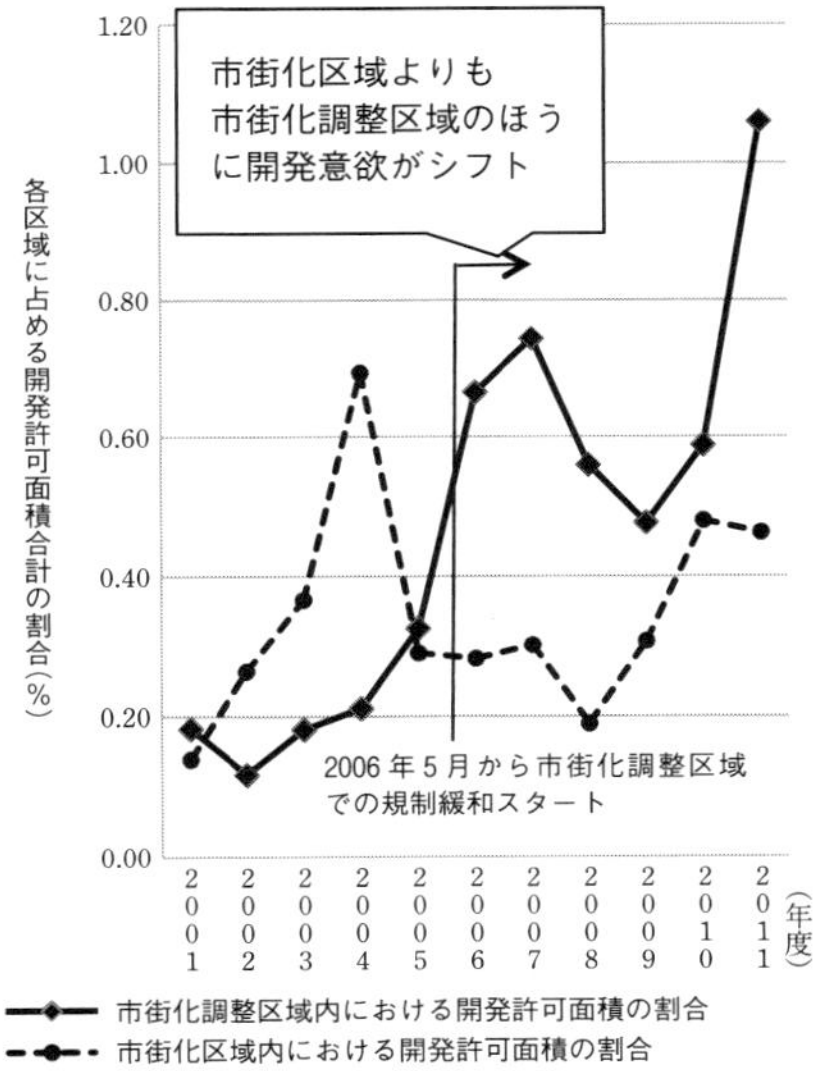

図表 1-12　川越市の開発許可面積割合の推移
(川越市提供データに基づき作成)

川越市では、市街化調整区域の過度な規制緩和によって、住宅の分譲会社にとっても購入者にとっても市街化区域よりも、都市計画税が不要な市街化調整区域での開発のほうがメリットがあるとされ、これまで整備してきた市街化区域の開発意欲を奪う要因になったのです。毎年、都市計画税を納税している市街化区域の住民からは、当然、「これではあまりにも不公平だ！」といった意見も出るようになりました。

こうした様々な問題が発生した川越市は、新しく川合善明市長が就任したこと、また、国がコンパクトシティ（第3章で詳述）の考え方を打ち出したこともあり、2011年9月末、市街化調整区域の過度な規制緩和の全面的な廃止に舵《かじ》を切ったのです。市長の意向もあり、規制緩和の経過措置期間も一般的なものよりもかなり短くされ、一刻も早く、農地等の無秩序な開発に歯止めをかけようという大きな方針転換が行われました。近年、川越市は、長期的な視点から、立地適正化計画という具体的なコンパクトシティ政策に着手しています。

市内で人口を奪い合っているだけ

川越市で市街化調整区域の規制緩和が導入された際の目標は、人口増加や地域活性化でした。では、結局のところ、どの程度、人口増加に効果があったのでしょうか？

市の人口推移を調べてみると、規制緩和の条例施行期間中、33万2846人（2006年

1月）から34万４９００人（２０１２年1月）と、約１万２０００人増加しています。この数値を聞くと、人口増加に効果があったように感じます。しかし詳細に分析すると、人口増加のほとんどが市街化調整区域での規制緩和による効果ではなかったのです。

川越市は、市街化調整区域の規制緩和を全面的に廃止した後、どのような影響があったのかを、市街化調整区域で規制緩和を行った約5年間（２００６年5月18日から２０１１年9月30日）に、転入・移動者が、転入・移動前にどこに住んでいたのかを住民基本台帳データで検証しました(13)。

その結果、市全体で見ると、この5年間の市外から市内への転入者は、約11万４０００人である一方、市外から市街化調整区域の規制緩和区域への転入者は、約１０００人と１%にも満たない程度だったのです。

さらに転入・移動者の従前の居住地を詳しく見ると、川越市内が31%、隣接市町が38%と、約7割が川越市内か近隣からの転入・移動となっていたのです。少し広域的な川越比《ひ》企《き》圏（川越市、坂戸市、鶴ヶ島市、東松山市など）として見ると、農地をつぶしながら、狭い圏内での人口移動が生じただけで、圏域外から圏域内への転入者が大幅に増加したわけではないということもわかります。

つまり、人口増加を目標に掲げて、本来、市街化を抑制すべき区域である市街化調整区域の農地エリアで都市計画の規制緩和を行っても、市内や圏域で人口を奪い合っていただけで、転入者の増加をもたらす効果は限定的だったということなのです。

それにもかかわらず、農地をつぶして、無秩序に宅地化しながら、低密にまちが広がり続け、インフラ等の維持管理コストや行政サービスを行うべきエリア面積をますます増大させ、行政サービスの効率の悪化や行政コストの増加といった悪循環を引き起こす状況は、まさに「焼畑的都市計画」であると言えます。

こうした焼畑的都市計画の弊害は、財政的な話だけではありません。まちの低密化が進むと、先に述べたとおり、商業施設や公共公益施設の統廃合や公共交通網の縮小など、将来的に、私たち一人一人の暮らしにも大きな影響をもたらしてしまうのです。

全国で横行する焼畑的都市計画

こうした問題の多い市街化調整区域の規制緩和は、何も川越市が特別なわけではなく、開発許可の権限を持つ市町村全体の約3割で行われています。

規制緩和による市街化調整区域での開発許可件数が特に多い自治体(14)は、高崎市、倉敷市、水戸市、宇都宮市、前橋市、太田市、浜松市、熊本市、加須《かぞ》市、つくば市などで、産業施策に積極的な自治体が多いのが特徴です。市街化調整区域における開発許可の規制緩和を続けてきた市町村の中には、農地エリアに住宅のバラ建ちが進行しすぎて、せっかく産業立地の要望がきても、まとまって使える土地がないという悪循環に陥っている市町村も見られます。そして、こうした市街化調整区域で開発許可件数が多い市町村では、多かれ少なかれ、自身の市町村内や近隣の市町村同士で人口を奪い合うだけの「焼畑的都市計画」による悪影響が出ています。

たとえば、和歌山市では、近隣の岩出市や紀の川市への人口流出が顕著となったこともあり、２００１年に川越市と同様の市街化調整区域の規制緩和条例を導入し、２００５年には基準をさらに大幅に緩めました。その結果、市が想定した区域よりもどんどん外側へ開発が進み、市街化区域と市街化調整区域の区別がつかない区域も出てくるほど、農地エリアに虫食い状に住宅が点在したのです。

和歌山市近郊のタウン紙『ニュース和歌山』(15)によると、農家側から「行きすぎた開発で田や畑の中に住宅ができたため、農業者が農業をやりにくくなった」、市内の市街化調整区域で不動産業を営む側さえ、「住宅過剰の中、緩和し過ぎると全体の価値が下がる。常識的な規制は必要」といった意見が出るほどの事態になったのです。

そこで、和歌山市では、２０１７年4月から、これまでの市街化調整区域の過度な規制緩和条例を見直し、規制緩和を可能とした区域を、鉄道駅周辺や小学校周辺等の地域拠点周辺に限定することに踏み切ったのです。和歌山市のホームページには、見直しの理由として、「郊外部においても集落の分散が進行しており、このままでは、拡散した居住者に対して、ゴミ収集や道路・上下水道等の整備、福祉の提供等の行政サービスが非効率化し、結果として市民の皆さまの生活に影響を及ぼすことになります」ということが掲載されています。

とにかく人口を増やしたい

では、なぜ、このような焼畑的都市計画が横行しているのでしょうか？

それには、**他の市町村がどうなろうと、自分たちのまちの人口をとにかく増やしたいという根強い人口至上主義**が影響しています。特に自治体の首長や議員の多くは、「市街化調整区域の規制のせいで人口が増えない、だから都市計画の規制緩和をして新築住宅を建てられるようにすれば、人口が増加するのだ」と根強く信じ込んでおられるのです。

農地所有者も、農業では儲からない、高齢化で後継者がいないなどの理由から、農業を続けずに、農地を宅地開発業者に売却したり、賃貸アパートを建てられるように、規制をもっと緩くしてほしいという声を上げる場合が多いのです。市街化調整区域の開発許可基準の規制が緩和されると、それまでは一般の農地並みの低い水準で課税されていたにもかかわらず、いざ農業を辞めて、不動産会社などに売却するときには、立地にもよりますが、宅地並みの価格を若干下回るほどの価格で売却できる場合もあります。そのため、農地所有者からの規制緩和への要望は極めて強いのです。また、地価の安い農地エリアで新築住宅を建てられるようにすれば、不動産・建設業界にとってもメリットがあるので、規制緩和は歓迎されます。

こうした農地所有者や不動産・建設業界は組織として票の力があり、選挙で選ばれる首長や議員への影響力が大きいために、彼らもこうした声を無視できないのです。

実際に、和歌山県では、仁坂吉伸知事が市街地の拡大や優良農地が虫食い状に転用されるのを防ぐため、優良農地の転用を厳格化する政策を進めようとしていました。しかし、2016年3月の和歌山県議会で議員から、「宅地に転用できなければ人口流出が加速する」「農家の利益の侵害につながる」などの反発があり、優良農地の転用を厳格化する政策を撤回する事態になっており(16)、郊外の農地を転用してさらに居住地の面積を広げようという焼畑的思考が、議員の中にいまだに根強いことがよくわかります。

私が参加させて頂いている自治体の委員会等でも、様々な自治体の首長や議員が、「市街化調整区域の農村集落は開発規制が厳しくて過疎化しているから、人口を増やすために規制緩和すべきだ」と強く主張することが必ずといっていいほどあります。

私もこうした過疎化しつつある農村集落の活性化は必要だと思っています。ですがそれであれば、農村集落を中心にしながらも、集落のまわりの農地等である程度新規の宅地開発ができるように、開発許可基準の規制緩和を許容する区域を「限定的」に設定しておき、こうした区域が宅地開発で埋まった段階で、区域を拡大するかどうかを検討するといった丁寧なプロセスが必要だと思うのです。

ところが実際には、とにかく人口を増やすために、農地エリアに「なるべく広く」区域設定をして、農地関係等の他の法令が許せば、「ほぼどこでも開発可能」にしてしまうことが多いのです。その結果、せっかくの開発需要が本来のターゲットとすべき農村集落内に向かわず、農村集落の過疎化防止や地域活性化につながっていないのが現状です。

たしかに、都市計画の中でも開発許可制度というのは、専門家の間でも難解で、一般には身近ではありません。そのため、市民も無関心で、これまで問題視されることはほとんどなく、都市計画は規制緩和の一途を辿ってしまう場合が多かったのです。

近年、地方創生の取り組みとして、２０１４年11月に「まち・ひと・しごと創生法」を制定し、翌月には「まち・ひと・しごと創生長期ビジョン」と「まち・ひと・しごと創生総合戦略」が閣議決定され、各自治体で「人口ビジョン」や「まち・ひと・しごと創生総合戦略」の策定が進められています。こうした中で、人口減少に危機感を持った自治体が、自分たちのまちだけ人口が増えればよいといった近視眼的な視点で、またしても都市計画の規制緩和が政治的に利用されてしまわないようにと願わずにはいられません。

3・賃貸アパートのつくりすぎで空き部屋急増のまち

賃貸アパートの建設が止まらない

大都市の郊外や地方都市で、写真1-4のように、「どうして需要が見込めると思えない場所に、賃貸アパートが建っているのだろうか?」と不思議に感じた経験のある方もいらっしゃるのではないでしょうか。実は、近年、需要が見込めると思えない場所の賃貸アパートの建設が増加するだけでなく、入居者がほとんどいない、空き部屋だらけの賃貸アパートも増えてきているのです。

全国の空き家数の内訳を詳細に見ると、空き家総数の52・4%(429万戸)が賃貸空き家となっています。そして、賃貸空き家は、年々増えています。その一方で、新たに建設されている賃貸住宅の総数は、1年間で35万戸以上もあり、減少する兆しは見えません(図表1-13)。

写真 1-4　農地エリアで続く賃貸アパート建設

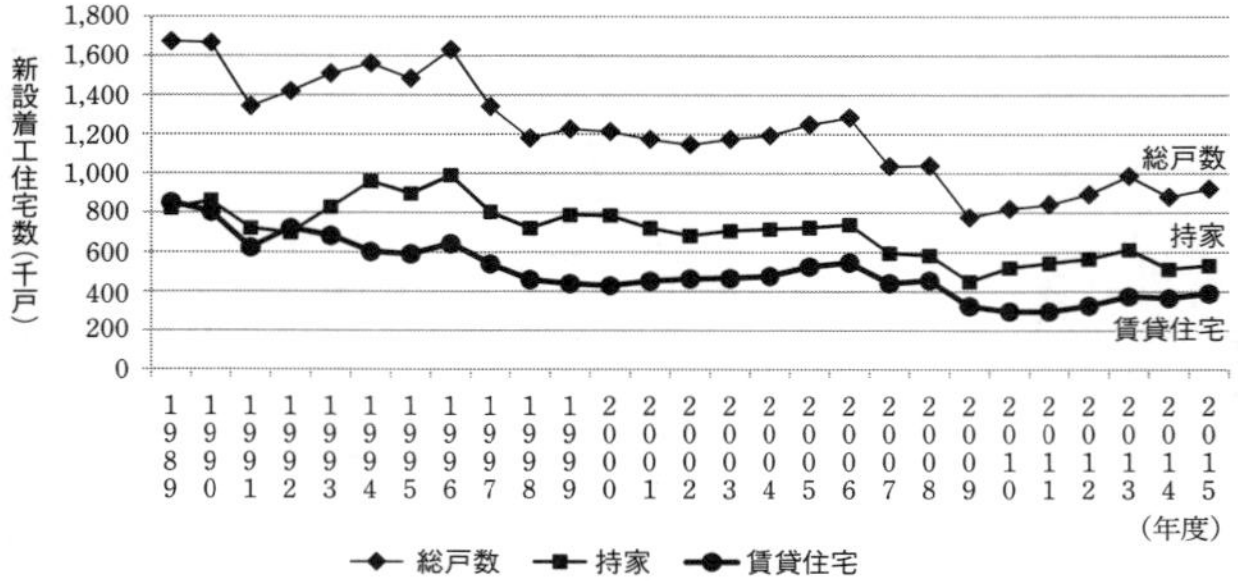

図表 1-13　全国の新設着工の賃貸住宅数の推移
（住宅着工統計〔国土交通省〕より作成）

賃貸住宅がつくり続けられているのは、高齢化や後継者不足などの理由で農業をやめる農家の増加に伴い、相続税や固定資産税の節約を目的にして、農地などを有効利用して賃貸アパート経営をしようという地権者が増えていることもあります。特に、大家が建てた物件を業者が一括で借り上げ、長期間、家賃収入を保証するという「サブリース（転貸）」という仕組みを利用して、賃貸アパート経営を行う地権者も増えています。

ここではまず、サブリース

という仕組みについて考えてみましょう。

賃貸アパートの増加を後押しするサブリース

テレビコマーシャルや新聞広告などで、「30年一括借り上げ、家賃保証で安心の土地活用！」といったものを目にされた方も多いと思います。また、駐車場や農地などをお持ちの方の中には、訪問営業などで、「あの土地にアパートを建てて、資産運用をしませんか？　アパート経営は相続税などの節税効果もあるんです。弊社が一括借り上げして、家賃も保証し、面倒な管理も全て行います！」といったセールストークで勧誘されたことがある方もいらっしゃるかもしれません。

図表1－14のように、サブリースとは、一般的に、所有者から建物を管理会社等が一括借り上げし、入居者に転貸することをさす場合が多く、空き室が出ても手数料を除いて家賃を保証するタイプが主流となっています。

賃貸アパート経営は、土地を有効に活用して、相続税や固定資産税の軽減効果や家賃収入が得られるなどのメリットが期待されています。更地に賃貸アパートを建設すると、更地状態の場合や、マイホームを建てた場合よりも、相続の際の土地の評価額が下がるため、相続税の節税に有効と言われています。また、建物が賃貸されている場合、持ち家な

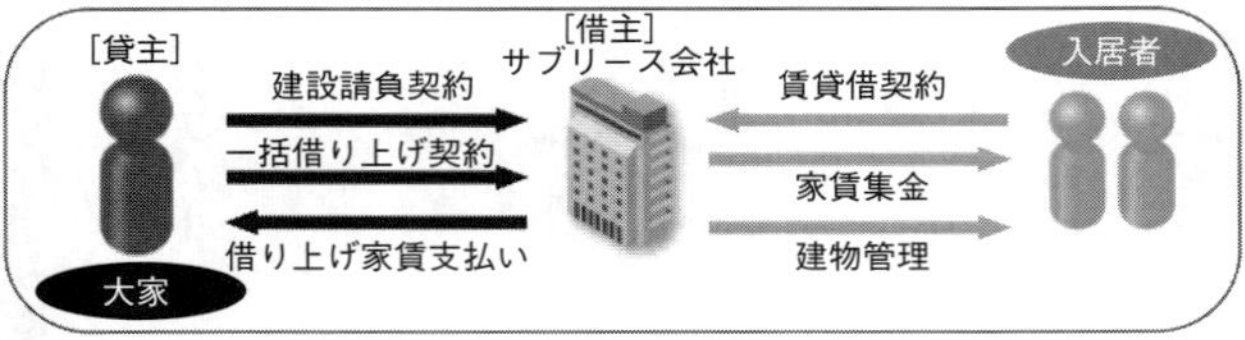

図表 1-14　一般的なサブリースの仕組み

どに比べて評価額が下がるために、固定資産税の軽減に効果的と言われています。さらに、家賃収入があれば、納税のための資金として確保することも可能になります。

こうした賃貸アパート経営を、サブリースで行うメリットは何でしょうか？

それは空き室の有無にかかわらず、毎月一定の家賃をサブリース会社から受け取れること、サブリース会社に入居者募集や建物の維持管理をしてもらえること、入居者との賃貸借契約や更新・退去手続きなどの面倒な手続きを任せることができること、入居者と何かトラブルがあっても直接やりとりしなくてもよいことなどです。

このように、アパート経営のリスクは、一見、サブリース会社が負担するように見え、土地所有者から見るとメリットばかりだと考えられがちです。

しかし、「30年間一括借り上げ」などというサブリース会社の広告は、あくまでも「30年間契約できます」ということであり、最初に設定した家賃が30年間ずっと保証されるわけではありません。契約書にも（小さな字で）書かれていますが、実は数年ごとに家賃の見直しがなされるのです。その際に、周辺の賃貸アパートの相場状況等によって、減額される可能性もあります。また、サブリース会社からの家賃の減額請求について大家が承諾しない場合など、中途解約されてしまう場合もあります。

入居者は偽物（さくら）かもしれない

サブリースのシステムでは、賃貸アパートの建設を、サブリース会社か関連する建設会社で行わせるのが一般的で、多くの場合、サブリース会社は賃貸アパートの建設自体でほとんどの利益を出せるようになっているのです。つまり、サブリース契約は、賃貸アパートの建設を請け負う契約をさせるためのツールとなっている面が大きく、サブリース会社が何らリスクを負わずに済むという極めて賢い（？）ビジネスモデルとなっています。

加えて、サブリース契約期間中、リフォームや修繕などもサブリース会社が指定する建設会社でやらなければいけなかったり、サブリース会社の指示通りにメンテナンスをしないと契約解除されたりするなど、サブリース会社が損をしない仕組みができあがっているのです。

こうしたサブリース契約に関して、大家に十分説明されない、あるいは十分理解できていないまま契約を結び、賃貸アパート経営へ乗り出す高齢者が多いのです。実際に、サブリースをめぐるトラブルの相談が消費者庁にも多く寄せられており、裁判にまで発展しているケースもあります。

大家は、賃貸経営のノウハウもないために、サブリース会社に賃貸経営を任せているわけですが、サブリースのシステムでは、大家は貸主、サブリース会社は借主となります。つまり、借地借家法では、不動産のノウハウも豊富なサブリース会社のほうが、大家よりも法的には弱い立場として保護される対象となってしまうのです。

全国賃貸住宅新聞によると、2013年賃貸住宅の管理戸数ランキング50位までの賃貸住宅の管理会社が、サブリースで管理している総戸数は約290万戸に上っています。これらの大手の賃貸住宅の管理会社が管理している賃貸住宅の総戸数（約477万戸）の約6割が、サブリースとなっています。サブリースというシステムは、賃貸住宅の管理会社の主要な業務の一つとなっているのです。

このように、サブリース会社は賃貸アパートを建てさせることが主眼であるため、人口が減少し、賃貸住宅の相場や入居率も低下する危険性があり、需要があまり見込めない場所であっても、賃貸アパートの建設は止まらないのです。

以前、兵庫県下の市町村の都市計画課の方から聞いたことがあるのですが、サブリース会社の中には、悪質な会社もあり、入居者として偽客（さくら）を使うそうです。サブリース会社で賃貸アパート完成後に偽客（さくら）を入居させ、ある程度の期間が経過した後、退去させます。入居者がいなくなって大家が不安に思っている隙に、サブリース会社から大家に、今の賃貸ニーズに合わないようだからアパートをリフォームしましょうと持ちかけ、リフォーム工事で儲けるといったことを繰り返し、アパート経営にノウハウのない大家から金を巻き上げるという悪徳業者もいるそうです。

この兵庫県下の市町村でも市街化調整区域の一部の区域で共同住宅の建設を可能にしたところ、農地を利用して賃貸アパートばかりが増えてしまったことから、都市計画課の方は、個人的な見解として、「共同住宅は対象から除外すべきだった」と後悔した様子でお話しされていました。

「羽生ショック」とは何だったか

以前、私の研究室に、ＮＨＫのディレクターが賃貸空き家の問題について取材に来られたことがありました。その際、都市計画の観点から、賃貸空き家が急増して問題になった羽生市《はにゅう》についてお話しさせていただき、実際に、「クローズアップ現代」という番組で羽生市問題が取り上げられました。

この番組をきっかけに、「羽生ショック」とも言えるほど、都市計画の業界でも、過度な規制緩和がもたらすアパートの供給過剰問題が注目されることになりました。こうした事態は、羽生市だけに起きた問題ではなく、他の地方都市でも大都市郊外でも様々なところで起きる危険性があるのです。

羽生市は、埼玉県と群馬県との境に位置する人口約5万6000人（2016年2月）のまちで、市の中心部は衣料産業で発展し、周囲は肥沃な田園のある農地エリアとなっています。主な交通機関には、東武鉄道伊勢崎線、秩父鉄道、東北自動車道羽生インターチェンジなどがあります。人口は、2000年をピークに減少傾向にあります。

羽生市に行くと、農地エリアのあちらこちらで複数の賃貸アパートが建っている光景を見ることができます。2013年の空き家率は12・7％で、全国平均13・5％よりは低いですが、空き家数の増加率を見ると、2003年からの10年間で2倍になっています。特に、同じ鉄道沿線の周辺自治体と比較（図表1-15）してみると、羽生市だけが突出していることがわかります。

羽生市では、賃貸アパートが需要以上に大量に建設された結果、市内の賃貸アパートの入居率が低下し、市内全体のアパート経営へ影響を与えるだけでなく、人のあまり住んでいない賃貸アパートが乾燥大麻の保管場所に利用されるなど、まち全体の治安問題にまで

	2013年の空き家率	2003年→2013年の変化		
		住宅総数の増加率	空き家数の増加率	賃貸住宅空き家数の増加率
羽生市	12.7%	1.19	2.03	2.14
行田市	12.4%	1.15	1.48	1.38
加須市	9.9%	1.28	1.62	1.13
久喜市	8.8%	1.12	1.31	1.19

図表1-15　埼玉県羽生市周辺の自治体の賃貸空き家の状況
(2003年・2013年の住宅・土地統計調査より算出)

発展してしまいました。つまり、賃貸住宅の供給過剰がまち全体の資産価値や住環境に影響を及ぼすことを明らかにした現象であり、今後、他の市町村でも起こる可能性のある影響を先取りしているとも言えます。

では、なぜ、羽生市で、賃貸空き家が増えてしまったのでしょうか？

その理由は、もしかしたら、サブリース会社に有能な(?)営業マンがいたせいなのかもしれませんが、これまで見てきた湾岸エリアの超高層マンション林立や市街化調整区域での新築住宅の開発の急増の場合と同じように、またしても、都市計画を過度に規制緩和してしまったことが影響しているのです。

賃貸アパートは増えても人口は減少

羽生市の都市計画は、図表1-16のとおり、東武伊勢崎線の羽生駅と南羽生駅、秩父鉄道の新郷駅の周辺を中心に8

05haが市街化区域に指定され、その周辺の郊外に広がる農地エリア（5050ha）は、市街化調整区域に指定されています。また、市街化調整区域のうち、農業関係の規制で、原則として農地以外に転用できないのは約2200haとなっています。

羽生市は、市街化調整区域の開発許可の規制緩和について、埼玉県内で最も早く取り組んだ自治体です。1996年ごろから、農村集落の過疎化を阻止したいという地元からの要望や、羽生市の人口の伸びが減少してきたこともあり、地域活性化と人口増加を目指して、2005年4月から、先に紹介した川越市と同様の市街化調整区域の開発許可の規制緩和条例を施行しました。そして、規制緩和を可能とする建築物として、専用住宅・分譲住宅・アパート・小規模な店舗等が指定されました。

その際、市街化調整区域の開発許可の規制緩和を可能とする区域には、農地以外に転用が難しい区域を除き、ほとんどの区域が指定されました。指定された区域内でも、道路や排水先が確保できるなど、一定の要件を満たさなければ開発できませんが、道路に面している農地から開発が行われたり、市が地域の活性化として想定していなかったような場所に住宅が増加するなど、かつての川越市のように農地エリアの虫食い的な宅地化が進行しました。実際、図表1-16のように、中心部から遠い市街化調整区域で、需要が見込めるのかわからないようなところにも賃貸住宅等が点在して建てられているのがわかります。

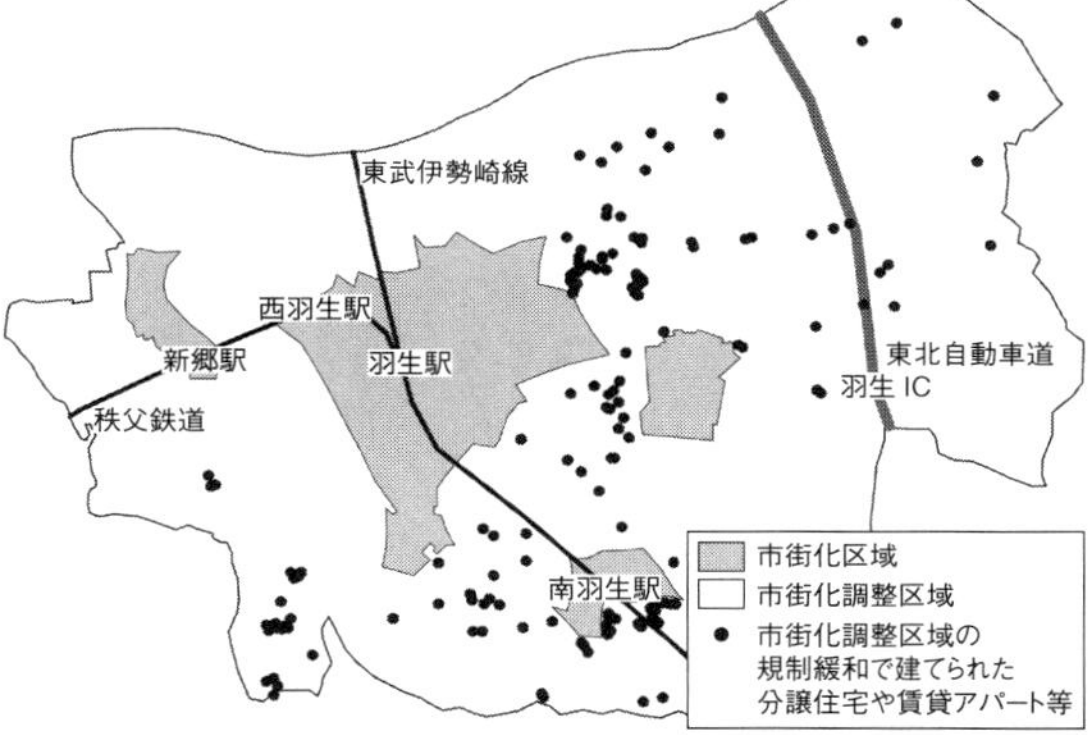

図表1-16　市街化調整区域に建てられた分譲住宅・賃貸住宅
（羽生市提供データに基づき、〔公財〕都市計画協会・筆者が作成）

羽生市では、人口増加と地域活性化を目指して、定住につながる戸建て住宅の建設を促すものとして、市街化調整区域の開発許可基準の緩和を行ったにもかかわらず、150棟もの賃貸アパートが建設されることとなったのです。しかも、供給された住戸数の割に、人口減少の歯止めがかからなかったのです。ちなみに、NHKの取材(17)によれば、その9割以上がサブリースを利用したものだったそうです。

羽生市では、年々、市内の賃貸アパートが大幅に増加し、入居者が少ない空きアパートの増加や、市街化区域のアパート経営への圧迫などが問題視されるようになり、規制緩和の見直しが行われました。2015年7月からは、市街化調整区域で開発許可の規制緩和が可能となる建物の用途は、専用住宅と分譲住宅に限定され、賃貸アパートは開発できなくなりました。
羽生市の規制緩和条例の見直しに関するパブリックコメントへの回答書(18)には、こう書かれています。

市内アパート数の大幅な増加により、市街化調整区域における低入居率のアパートの発生や、市街化区域におけるアパート経営の圧迫、また、「空き家問題」としての、「空きアパート問題」の発生等、新たな課題も心配されます。当市においても、人口減少局面、超高齢化社会、中心市街地の空洞化は進行しており、都市機能の集約化(コンパクトシティ)は、まちづくりにおいても大きな課題です。このような「現状の課題」や「法の主旨」より、定住効果の少ないアパートや、一戸建の賃貸住宅については、都市機能の一部として市街化区域へ集約誘導していくべきものと考えます。(中略)また、その〔都市計画法の〕主旨を踏まえますと、市街化調整区域における新規立地については、市場原理に任せるべきものではなく、規制の対象と考えます。

羽生ショックともいうべき賃貸アパートの供給過剰によって、まち全体に影響がでてしまったのです。

農業意欲の低下の果てに

今後、全国的に、相続税対策やＴＰＰ（環太平洋戦略的経済連携協定）などによる農業意欲の低下が懸念されることから、農地の土地活用の動きがますます加速する可能性があります。そのため、自治体が、「住宅は工場みたいに害がない」ということで、誘導すべき住宅の形態やタイプをきちんと精査せずに、安易に都市計画や建築規制の基準を設定していると、ほとんど需要がないようなエリアでも、たちまち賃貸アパートの建設が増えてしまう危険性があると言えます。本節では、市街化調整区域の規制緩和だけをクローズアップしましたが、全国どこに行っても、需要が見込めないような地域で賃貸アパートがつくり続けられています。

交通の利便性が良いなど、立地の良い場所で賃貸アパート経営を行うのなら、安定的な資産運用を図ることも可能かもしれませんし、全てのサブリースが悪いというわけでもありません。また、農地の所有者としては、農業では儲からない、農業の後継者がいない、相続税対策が必要といった様々な問題を抱えているのも事実です。

しかし、時代は変わっています。全国の全ての賃貸住宅１８５２万戸のうち、４２９万戸もの住宅が空き家となっています（2013年住宅・土地統計調査）。つまり、すでに4部屋に1部屋が空き家となっているのです。

こうした現状にあって、市街化を抑制すべき区域である市街化調整区域の規制緩和をしてまで、賃貸アパートの建設を可能とする必要があるのか、また、こうした規制緩和によって、賃貸アパートが供給過剰となり、その結果、まち全体の家賃の下落や空き部屋の急増といった外部不経済をひきおこす危険性はないのかといった点を十分に検討し、都市計画の規制緩和のあり方を抜本的に見直すべき時期にきているのです。

第1章補注

＊1　湾岸6区とは、中央区・港区・品川区・大田区・江東区・江戸川区をさす。

＊2　都市開発諸制度とは、都市計画法の特定街区制度、再開発等促進区を定める地区計画制度、高度利用地区、建築基準法の総合設計制度等をさす。

＊3　補助金額は、中央区の各年度の「主要な施策の成果説明書」、平成27年・28年度は予算（案）の概要に基づき算出した。

＊4　地方公共団体は、市街地再開発事業の施行者に対して、要件を満たした場合、事業に要する費用の一部を補助することができ、国と地方公共団体の補助金の負担割合は、補助対象費用の3分の2について国と地方公共団体が半分ずつ出すという仕組みになっている。

＊5　都市計画区域は、人や物の動き、都市の発展を見通し、一体の都市として捉える必要がある区域として、都道府県が指定する。都市計画区域は都市の実際の広がりに合わせて定めるため、その大きさは一つの市町村の行政区域の中に含まれるものから、複数の市町村にわたるものもある。

＊6　開発許可とは、一定の開発行為を行おうとする者が、開発許可権限を有する自治体からあらかじめ受けなければならない許可のこと。市街化区域では、道路や排水等に関する技術基準を満たす場合に開発が許可され、市街化調整区域では、原則として開発は認められないが、都市計画法第34条で定められた立地基準を満たした場合は開発が許可される。

＊7　都市計画法第34条第11号に、市街化区域に隣接・近接し、自然的社会的諸条件から市街化区域と一体的な日常生活圏を構成していると認められる地域で、おおむね50以上の建築物が連たんしている地域のうち、開発許可権限を有する自治体が条例で定めた区域内で、その開発行為による建築物の用途が周辺地域の環境の保全上支障のないものは、開発行為が許容されると規定されている。

＊8　都市計画税とは、都市計画事業や土地区画整理事業に要する費用に充てるための目的税。都市計画税の最大税率は0・3％となっている。

第1章引用文献

（1）不動産経済研究所「超高層マンション市場動向２０１５」、株式会社不動産経済研究所、２０１５年（なお、この調査では超高層マンションは20階建て以上のマンションとされている）
（2）ＮＨＫクローズアップ現代＋№.３８０８「追跡！　タワマン『空中族』――不動産〝バブル〟の実態に迫る」、２０１６年5月19日放送
（3）国土交通省土地・建設産業局地価調査課「主要都市の高度利用地地価動向報告――地価ＬＯＯＫレポート」、第35回平成28年第２四半期（平成28年４月１日～平成28年7月１日）の動向
（4）中央区教育委員会「教育環境の整備に関する基礎調査報告書」、２０１３年２月

(5) 読売新聞朝刊「人口回復で小学校不足」、2016年6月7日、及び港区HP「区政情報」
(6) 松谷明彦『東京劣化——地方以上に劇的な首都の人口問題』、PHP新書、2015年3月
(7) 根本祐二「インフラ老朽化問題から見る2020年五輪」、『都市計画』Vol.65 №.1、日本都市計画学会、2016年3月
(8) 佐々木晶二「民間都市開発事業に対して本当に補助金はいらないのか?(検討メモ)」、Research Memo、一般財団法人民間都市開発推進機構、2015年4月
(9) 公益財団法人東日本不動産流通機構月例速報「Market Watch」、2016年9月度、及び2015年9月度
(10) 新日本有限責任監査法人・水の安全保障戦略機構事務局「人口減少時代の水道料金はどうなるのか? 全国推計並びに報告書」、2015年2月
(11) 中井彰人「50年に一度の大転換期を迎えるスーパーマーケット業界——人口減少・高齢化を超えて生き残る企業とは」、Mizuho Industry Focus Vol.157、みずほ銀行、2014年7月2日
(12) 梅原淳「最新JR&私鉄、全路線収支」『週刊東洋経済』2012年2月25日特大号
(13) 川越市「川越市立地適正化計画策定基礎調査の概要」(平成27年7月)
(14) 国土交通省都市局都市計画課「集約型都市構造の実現に向けた土地利用・開発許可にかかる制度・運用のあり方に関する検討調査報告書【開発許可制度編】」(平成28年3月)
(15) ニュース和歌山「和歌山市の市街化調整区域 宅地拡散歯止めへ新条例 居住地、農地を区分け」、2016年4月9日号掲載
(16) わかやま新報「農地転用防ぐ政策を撤回 議会の反発で県」、2016年3月10日
(17) NHKクローズアップ現代+№.3648「アパート建築が止まらない——人口減少社会でなぜ」、2015年5月11日放送
(18) 羽生市HP「都市計画法第34条11号運用見直し(案)」の意見募集結果(2015年3月)

第2章　「老いる」住宅と住環境

写真 2-2　「再自然化」する住宅

写真 2-1　使い捨てされる住宅

第1章で述べたように、居住地を拡大しながら新築住宅がつくられ続けている一方で、これまで整備してきたまちには空き家が増え、まちがスポンジのようにスカスカし始めています。本章では、住宅や住環境の質としての「老い」の観点から、住宅過剰社会が抱える構造的な問題を見ていきましょう。

1．住宅は「使い捨て」できるのか？

「再自然化」し始める住宅団地

大都市から少し離れた郊外の住宅団地に行くと、まちの「スポンジ化現象」が、他のまちよりも先行して現れている光景を目の当たりにすることがあります。

前ページの写真2-1と写真2-2は、都心から50㎞圏、埼玉県のほぼ中央にある東武東上線東松山駅から約3㎞離れた丘陵地にある住宅団地群の一つです。この住宅団地は、放置された空き家や空き地がいたるところにあるだけでなく、周辺の木々・植物が、放置された空き家に覆いかぶさり、まるで「再自然化」し始めたかのような場所が見られるようになっています。

この住宅団地は、最寄りの鉄道駅まで約３km、スーパーまでは２km以上あり、車がないとアクセスするのが難しい丘陵地にあります。小学校は住宅団地内にありますが、１学年10～25名で、全校生徒が１００名にも満たない状況です。

開発後すでに40年以上経過しており、住宅が老いているだけでなく、居住者の老いも進行しています。そのため、この団地に住んでいる住民の寿命が尽きる時期となると、その相続人が引き続き居住する場合は良いのですが、居住しない場合、老いた住宅をどうするかという「住宅の終末期問題」が噴出することとなります。

相続した住宅が値段を下げても売れない場合には、放置・放棄される空き家・空き地が増えてしまい、いずれゴーストタウンになってしまう危険性もあるのです。

実際にこの住宅団地では、土地を売りたくても買い手がつかない状況なのか、近隣住民に向けて「43坪格安売ります」という手作り看板（所有者の電話番号が書かれている）が空き地に立てられており、地主自らが土地の買い手を探そうとしている様子がうかがえます。

所有者の不在化・不明化問題

空き家・空き地が増えても、相続人がいて、きちんと管理されていれば、周辺の住環境への影響はそこまで大きくなりません。相続人が明らかになっていれば、近隣の居住者が、たとえば、空いた土地を購入したい、あるいは家庭菜園や駐車場として借りたいと思ったら、その相続人と交渉をすることができ、空き家・空き地に何らかの管理がなされることになります。

　問題が深刻になるのは、土地・建物の所有者と連絡がとれない、あるいは、相続人がいない・わからないといったケースです。実際に、この住宅団地には、写真2-3のように、自治会が連絡のとれない地主に向けて、「地主様　おいでの節は自治会役員までご連絡をお願いします」という看板が設置されていました。

写真2-3　自治会が連絡のとれない地主に向けた看板

　土地・建物の所有者が不明となってしまう理由は、相続時に所有権の移転のように登記の名義変更が行われないまま放置されていたり、相続人が遠方に住んでいて管理できないなどにより、放置・放棄されてしまう場合が多いためです。今後、管理も相続もされない放置・放棄される土地・建物が全国いたるところで急増する危険性が高くなっています。実際に、東日本大震災では、土地などの所有者の不在化・不明化問題により、移転用地の取得に相当手間がかかったために、復興事業のスピードを阻害したとも言われています。

この団地のように、大都市から遠い郊外の住宅地の多くで、まちのスポンジ化だけでなく、住宅の使い捨て問題、さらには所有者の不在化・不明化問題も見え始めています。そして、最もやっかいなのは、**住宅や住宅地をつくることは「計画」できるのに対し、住宅の使い捨てというのが、まちのどこで、どれくらい発生していくのか事前に予測できない、つまり、「計画」**できないという点なのです。

隣地買い増しに取り組む地元不動産屋

戸建て住宅が広がる郊外住宅地では、利活用できない空き家は解体・除却して、隣接した敷地の居住者や自治会等が家庭菜園や駐車場などで使用したり、可能ならば、隣接した空き地を統合し、住宅数を減らしながら敷地を拡大していくことによって、都市部にはない緑豊かでゆとりある住宅地へと再編成していくことが現実的な良策だと思います。

たとえば、埼玉県毛呂山《もろやま》町にある第1団地・第2団地では、地元の不動産屋が関わることで、隣地の買い増しが行われています。毛呂山町第1団地・第2団地は、昭和30年代後半に開発された古い団地（当初は建売分譲、平屋建て）で、東京都心より50㎞圏内、東武越生《おごせ》線の駅前に立地しています。国土技術政策総合研究所の調査(1)によると、2004年時点ですでに、第1団地では969区画中152件、第2団地では612区画中81件もの隣地敷地の取得が見られます。

この地元の不動産屋に、以前、私の研究室のゼミ生がヒアリングを行ったところ、隣地の買い増しのきっかけは、空き地・空き家をその隣地の所有者が「買いたい」と地元不動産屋に相談する場合と、空き地・空き家を不動産会社が「買いませんか?」と隣地の所有者に働きかけを行う場合の2つのケースがあるそうです。この団地で隣地の買い増しが多い理由は、平均の敷地面積が、第1団地が66㎡、第2団地が89㎡と、もともとの敷地規模が小さいため、駐車場や家庭菜園用に敷地を拡大したいという要望があること、そして土地取引の相場が1坪あたり10万円前後(1区画で200万~300万円程度)と地価が低いことだそうです。

しかし、空き地・空き家の所有者やその相続人が不明である場合が多く、隣地を買いたいという申し出があっても、何の手立ても打てないとのことで、民間の不動産屋が取り組むには、地域貢献にはなるものの、手間がかかる割にはほとんど利益が出ないなど、隣地買い増しの促進には様々な課題を指摘されていました。

このように、空き家・空き地が急増する住宅地の再編成へと向かうためには、空き家や空き地の所有者と連絡がとれない、あるいは、相続人がいない・わからない場合に、円滑に対応ができるように、都市・建物の所有・相続・登記等に関わる一連の法制度の改正や、隣地買い増しの促進にむけて、地元の不動産屋が関与するためのインセンティブが働くような新たな仕組みづくりも必要不可欠になっていると言えます。

空き家のタイプ4類型

野村総合研究所によると、住宅の除却や住宅以外の用途への有効活用がこのまま進まない場合には、2023年には5戸に1戸が空き家に、2033年にはなんと3戸に1戸が空き家になると予測されています(2)。この背景には、2025年前後には日本人口の5%を占めている団塊の世代が75歳以上の後期高齢者になり、2035年前後には、団塊の世代の死亡数が一気に増えると予想されることが挙げられます。

近年、老いた住宅の居住者の死後、相続人がその住宅を引き継いで居住するケースが少なくなっているため、全国のいたるところで、老いた団塊の世代の寿命が尽きてしまうある時期から、空き家が爆発的に増加する危険性があるわけです。

メディアではこれまで、空き家が急増していることや、「放置空き家」が周辺の住環境や資産価値に影響するといった問題がクローズアップされてきました。しかし、空き家といっても実は様々なタイプがあり、また、その空き家が建つ立地も様々で、こうした詳細な分析をもとに、今後の住宅政策や都市計画をきめ細かく考えていくことが重要です。

空き家のタイプには、国の住宅・土地統計調査*1によれば、「賃貸空き家」「売却用空き家」「二次的住宅」「その他空き家」という4つの類型があります。「賃貸空き家」は、賃貸のために空き家になっている住宅、「売却用空き家」は、売却のために空き家になっている住宅、「二次的住宅」は、別荘やふだん居住する住宅とは別に、残業で遅くなったときなど、たまに寝泊まりしている人がいる住宅、「その他空き家」は、転勤・入院などにより居住世帯が長期にわたって不在の住宅や、建て替えなどのために取り壊す予定の住宅、空き家の区分の判断が困難な住宅のこととされています。

この空き家のタイプの中でも、国の住宅政策の中で着目されているのが、「その他空き家」です。「賃貸空き家」や「売却用空き家」は、所有者によってそれなりに維持管理がなされる可能性が高いと考えられますが、「その他空き家」は、賃貸したり、売却しようとしているわけでもないため、いずれ周辺の住環境に影響するような「問題空き家」へと発展する危険性があるのです。

駅に近いほど空き家率が高いという不思議

国土交通省が2013年住宅・土地統計調査をもとに、「その他空き家」を最寄り鉄道駅までの距離別に分析した結果(3)によると、全国的には、戸建て等については、駅から近く便利と思われるような立地のほうが、空き家率が高いという状況となっています。一方、共同住宅については、駅から遠いほうが空き家率は高く、駅から2km以上離れた場所だと、5戸に1戸が「その他空き家」という結果になっています。

特に、交通網が比較的発達している東京都や大阪府の大都市では、戸建て等の「その他空き家」は、駅に近い便利な立地のほうが、空き家率が高く空き家数も多いという不思議な状況になっているのです。共同住宅の「その他空き家」も、空き家率は駅から遠いほうが高いものの、空き家の総数は、駅に近い便利な立地のほうが多いのです。

こうした現象から、東京都や大阪府の駅に近い便利な大都市であっても、「まちのスポンジ化」がすでに発生し始めていることがうかがえます。

この背景には、大都市では駅周辺から先に開発され、自家用車の普及を背景に、駅から遠い郊外へどんどん新たな住宅開発が広がっていった場所が多い、つまり、「中心部は古く、その周辺は新しい」というまちが多いことが関係していると考えられます。

これまでの都市計画や住宅政策が、焼畑的に新しい住宅やまちをつくることばかりに力を注いできた一方で、駅から近いまちの中心部では、中古住宅として既存の住宅が流通したり、リノベーションしたり、古くなった住宅を解体・除却して再建築(建て替え)を行ったりすることに力を注いでこなかったということを如実に表しているのです。

ようやく掲げられた空き家増加の抑制目標

2016年3月、国の住宅政策の方針を示す「住生活基本計画（全国計画）」が閣議決定されました。この「住生活基本計画（全国計画）」の中には、目標として、中古住宅流通の市場規模4兆円（2013年）を8兆円（2025年）に倍増させること、「その他空き家」318万戸（2013年）を、2025年には400万戸程度と、その増加度合をおさえるという点が新たに盛り込まれました。しかし、これらの数値を達成するのは、このままではかなり厳しいものと考えられます。

こうした中古住宅の流通規模の拡大や「その他空き家」の増加を抑制するためには、住宅の供給者側も需要者側も、新築住宅を建てるよりもすでにつくられた住宅やまちの再生に取り組むほうが、住宅ローン・税制上の優遇措置などで様々なメリットが得られることになるという仕組みを新たに生み出すことが求められます。この取り組みは、単に「その他空き家」の増加を抑制するためだけでなく、これまでつくってきたまちの世代交代を進め、まちのスポンジ化や荒廃を少しでも食い止めるためにも必要不可欠です。

しかし、もう一つ重要なポイントがあります。それは、**日本の都市計画や住宅政策が、**

住宅供給を市場原理に任せたままで、これまでつくってきたまちの新陳代謝を生み出そうという意識や意欲が不足していたという点です。

自治体の首長・議員や職員の方からは、「駅から近い中心部は土地や建物の権利関係が複雑で地価が高いから無理」、「地主が売りたがらない」、「若い人は車利用が大前提だから駅前などの中心部ではなく郊外を選ぶから無理」、「中古住宅の人気がないから無理」、といった後ろ向きな発言をよく耳にします。

こうした言葉を聞くたびに、私は、「都市計画や住宅政策という役割を放棄するのか？」と危機感を感じてしまいます。政治や都市計画・住宅政策に携わるのであれば、難問だから無理だとばかり言って思考停止するのではなく、また、面倒なこと・反対を受けそうなことに対して「やらない理由」ばかりを見つけるのでもなく、これまでつくってきたまちを、将来世代に今よりもさらに良い遺産として引き継いでいけるように、知恵を出し合うことが真に求められているのです。

2・空き家予備軍の老いた住宅

神戸市鶴甲団地の取り組み

高度経済成長期に郊外につくられた住宅団地では、住民の世代交代が進まず、年々、高齢化率が右肩上がりに上昇しています。たとえば、神戸市の鶴甲《つるかぶと》団地では、すでに住民の高齢化率が36%にもなっており、居住者の世代交代を進めようとする取り組みが始まっています(4)。

この団地(写真2-4)は、神戸市灘《なだ》区の高台(標高200~300m)に位置し、1960年代に開発された分譲マンションと戸建て住宅が建ち並ぶ昭和時代の典型的な団地です。人口は約4500名、世帯数約2250世帯で、団地内の分譲マンションは、エレベーターもなく、時代に合わない間取りや住宅設備が老朽化していることもあり、流通価格の下落や空き家化・賃貸化が進行しています。不動産検索サイトによると、分譲マンションの中古住宅価格は、3DK(約17坪)で350万~550万円程度です。ただし、公的機関による分譲ということもあり、耐震性は確保されており、区分所有者による管理も適切に行われています。

ここでは、神戸すまいまちづくり公社が、若い世代の流入促進を目指し、神戸市や神戸大学と連携しながら、団地内の既存住宅を現代のライフスタイルに合うよう魅力的なリノベーションを実際に行ってモデルルームとして公開するなど、普及啓蒙イベントや住情報の発信に取り組んでいます。

この鶴甲団地の取り組みを担当されていた神戸市職員の方にお話を伺った際、「空き家対策は、調査ばかりやるのではなく、とにかく何か始めてみることが大事だ」とおっしゃっていたのがとても印象的でした。

写真 2-4　団地再生に取り組む鶴甲団地（神戸市灘区）

しかし、全国を見渡せば、高齢化率がかなり高いまちでも、空き家の調査は行われ始めていますが、具体的には何も取り組まれていないのが現状です。

世代交代の進まぬ町田市の住宅地

鶴甲団地は、最寄り駅からバス便で、高台にあるという立地で、エレベーターもない昭和時代の典型的な住宅団地ということもあり、現在の住宅を購入する年齢層から敬遠される場合もあったかと思います。

しかし、都心につながる便利な鉄道駅から徒歩圏内にあるなど、特に立地が悪いわけでもなく、また、住民の努力で良好な住環境を守ってきたにもかかわらず、世代交代が進んでいないまちもすでに出てきています。

かつて、人気テレビドラマシリーズ「金曜日の妻たちへ」の舞台ともなった町田市のとある住宅地は、高度経済成長期に開発された東京郊外のおしゃれな新興住宅地として注目を浴びました。パティオ（中庭）でホームパーティができる住宅や、庭付きの戸建て住宅が建ちならぶ緑豊かな街並みなど、テレビドラマの中で映し出されるまちやライフスタイルを見て、当時中学生だった私もあこがれを抱いたものです。

この地区は、渋谷駅から東急田園都市線で40分程度に位置し、1960年代半ば以降、東急電鉄によって計画的に宅地化が進められました。各自治会で、敷地の細分化の禁止、ブロック塀の禁止など、自主的に建築物等に関する取り決め（建築協約）を定め、良好な住環境を守る取り組みが積極的に行われてきました。現在も、緑豊かな街並みとなっています。不動産検索サイトによると、最寄り駅周辺の中古の戸建て住宅は、現在、土地65坪・建物45坪程度で4500万～5000万円程度です。

しかし、風格のある落ち着いた住環境を守ってきたこの地区は、2015年時点で、65歳以上の高齢化率がすでに33・4％（75歳以上の後期高齢者率16・4％）となっており、すで

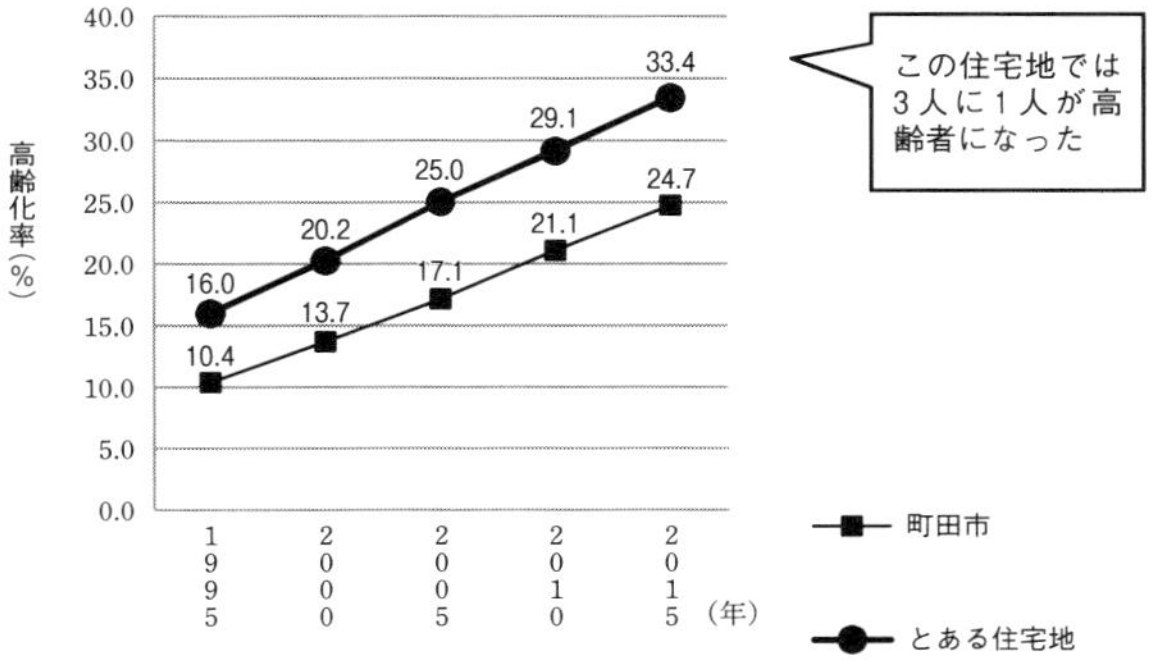

図表 2-1　町田市内のとある住宅地の高齢化率の推移
（町田市町丁別世帯数・人口表に基づき作成）

に住宅団地の再生に向けてリノベーションなどを積極的に取り組んでいる鶴甲団地とほとんど変わらない状況になっています。その時代のあこがれとなるような良好な住宅地であっても、現在の居住者の寿命が尽きるある時期から一気に空き家が増える危険性があり、決して楽観視できない状況であることがわかります（図表2−1）。

要するに、すでに住宅過剰社会となっている今、同じような時期に、同じような場所で、大量に住宅をつくったまちの世代交代を進めるために、住民・自治体・民間事業者が共に考えながら、「とにかく何か始めてみる」ことにトライしなければ、近い将来、使い捨てされる住宅やまちが爆発的に増えてしまう危険性が高いのです。

老いた住宅に老いた居住者が

さて、2013年時点で居住されている住宅ストック総数は、約5210万戸ですが、これを建築年代別に見ると、新耐震基準施行前の1980年以前に建築された住宅は1369万戸にもなります(5)。つまり、2013年現在、居住されている住宅の3割にのぼる住宅が、築35年以上経つ老いた住宅です(図表2-2)。もちろん、1980年以前に建築された場合でも、耐震性が確保されている住宅もあります。いずれにせよ、こうした老いた住宅には、高齢世帯が住んでいる場合が多くなっています。国土交通省の資料によると、1980年以前に建築された住宅の約42%(580万戸)に高齢単身・高齢夫妻の世帯が居住しています(5)。

つまり、老いた住宅に老いた居住者が住んでいるまちが全国いたる所にすでにあるということであり、前述した町田市の地区や神戸市の鶴甲団地だけが特別に高齢化が進んでいるわけではないのです。これには、高度経済成長期に大量に建てられた住宅は、当時、働き盛りの世代が購入した場合が多く、現在も引き続き、そのまま居住しているケースが多いことが関係しています。

新耐震基準を満たしていない老いた住宅は、解体・除却をして建て替えをするか、あるいは、若い世代のニーズに合わせて、耐震改修を伴うリノベーションをするなど、現代の

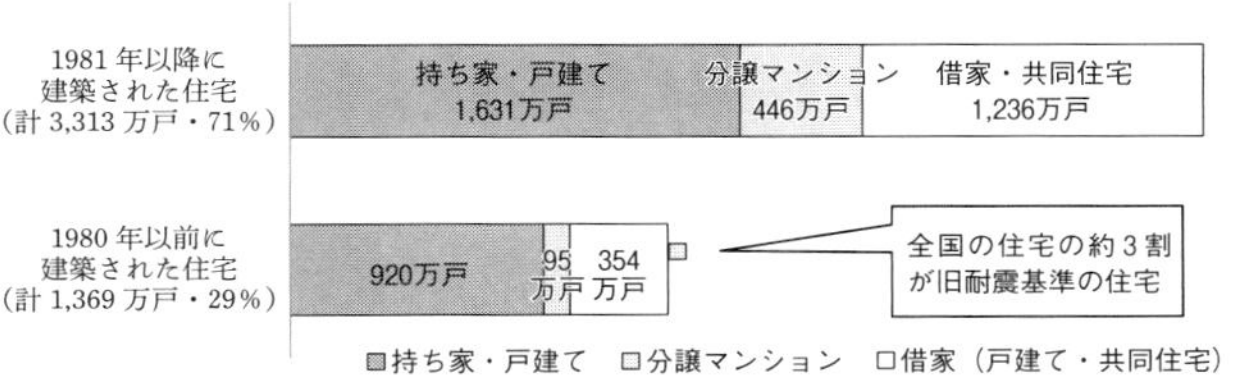

図表2-2　建築年代別の住宅ストック状況

（2013年時点。「長屋建て」「その他」「不詳」を除く。国土交通省社会資本整備審議会第39回住宅宅地分科会資料〔2015年7月28日〕に基づき作成）

ニーズに合った良質な住宅へとよみがえらせることができれば、将来世代にツケを残さず、安心して引き継いでいけます。しかし、こうした対応ができなければ、居住者の死亡後に誰にも引き継がれることなく、空き家となる可能性が高いため、老いた住宅は、放置・放棄化する空き家予備軍ともいえるのです。

２０２５年頃、団塊の世代が75歳以上の後期高齢者となり、その割合が20％近くに膨れ上がります。そして、日本人の男女の平均寿命が84歳（２０１５年世界保健機関発表）ですので、２０３５年頃には、団塊の世代の死亡数が一気に増えると予想されます。居住者の死後、その住宅を相続した人が引き続き居住せず、賃貸、売却をしない・できない場合、相続人がそのまま放置してしまうケースも多いため、「その他空き家」がどんどん増えていくわけです。

もし、「その他空き家」の管理が適切に行われない場合、建物の劣化が進み、地震や台風などによる倒壊で通行人や周辺の住宅に危害を及ぼしたり、ネズミなどの動物が棲みついたり、生い茂った雑草などにより害虫が繁殖するなど、不衛生な環境になってしまいます。こうして放置された空き家は、放火の標的になったり、不審者のたまり場となるなど治安が悪化し、周辺の不動産価値の低下を招くなど、まち全体に影響します。

そして、まちの住環境の悪化があまりにも深刻になると、将来、多額の税金を投入してそれを改善して行かざるを得ない事態も生まれかねません。これまでには想定していなかったような新たな社会的コストが必要となってくる可能性があります。

住宅地の行く末は、団塊世代の死後、相続する子供世代（団塊ジュニア世代）や親族が実家をどのように取り扱うかにかかっているといっても過言ではないのです。

急増する実家の相続放棄と「負動産」

現在、団塊世代の地方にある実家や、団塊ジュニア世代の地方や大都市郊外にある実家を相続する時期となり始めています。特に「その他空き家」は、住む予定のない実家の相続のタイミングで増えていく可能性が高いのです。

親の死後に残されるのは、プラスとなる遺産だけではなく、住宅の質や立地によっては、売りたくても買い手がつかない「負の遺産」となるケースがすでに続出しており、前述したように、「負動産」と揶揄《やゆ》されることもあるくらいです。

思い出のたくさん残る実家を相続して、とりあえず空き家のまま置いておく場合も多いのですが、固定資産税などの税金、老朽化した建物等の修理費や雑草の伐採などの空き家の維持管理費といった金銭的負担だけでなく、ご近所に迷惑をかけていないだろうか？といった精神的負担も大きくなります。

そのため、近年、住む予定がない実家の相続を放棄するケースが急増しています。相続放棄とは文字通り、全ての財産を相続しないことです。実際に図表2-3のとおり、司法統計によると、相続放棄の申立件数はここ20年間で3倍超にまで膨れあがっています。

この背景には、就職などで都会に出ている人が地元に帰らない・帰れないことから実家の維持管理ができない、固定資産税の負担を避けたい、売れない「負動産」を引き継ぎたくない、最終的に必要な空き家の解体費用を負担したくないといったことがあります。

では、所有者の死亡により空き家になってしまった実家が相続放棄された場合、誰が管理責任を負うのでしょうか？

相続放棄をした場合、相続財産に権利を持たないのだから、その財産の管理責任からも解放されると思いがちです。しかし、民法９４０条*2に定められているとおり、実家などの相続放棄をしたとしても、家庭裁判所によって相続財産管理人（弁護士や司法書士など）

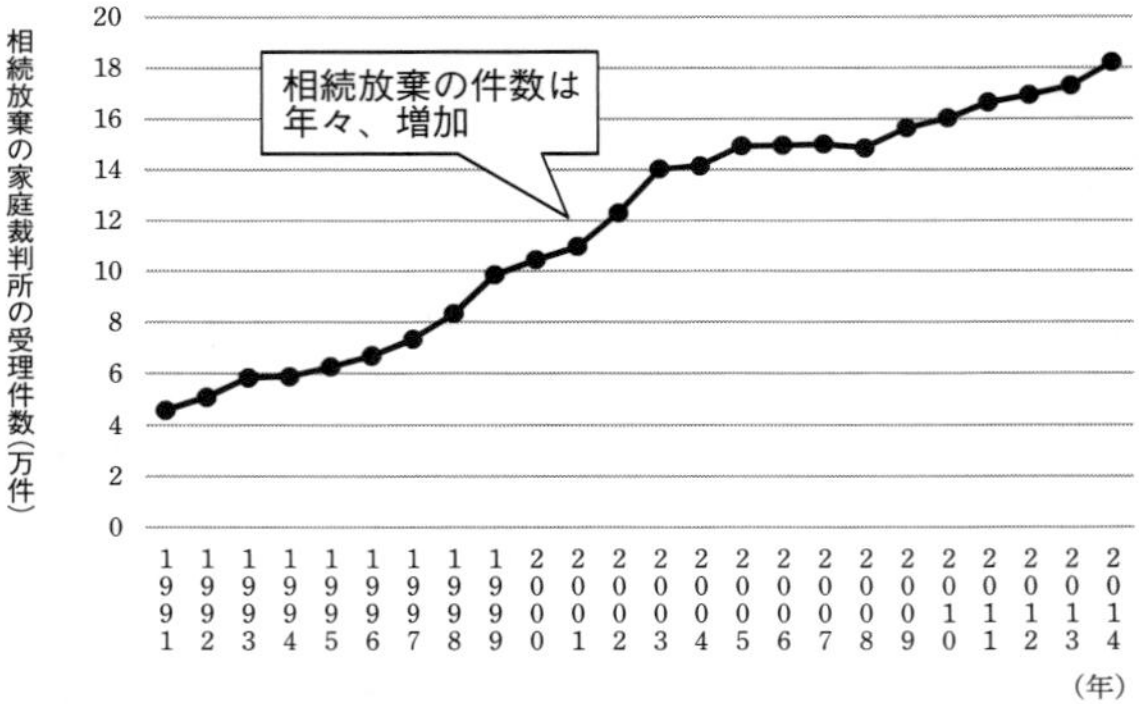

図表 2-3　相続放棄の家庭裁判所の受理件数
（司法統計「第２表 家事審判・調停事件の事件別新受件数」より作成）

が正式に選任され、実家の管理を開始するまでは、適切な管理を継続しなければならないのです（もし相続放棄した空き家において、何か事故があれば法的責任を追及される可能性もあるのです）。ただ、相続財産管理人の選任申し立てには、数十万円もの予納金を負担しなくてはいけないため、実際には相続財産管理人が選任されずに放置されてしまうことも多いのです。

今後も相続放棄が増加していく可能性が高いことから、これまでの家が有力な資産だった時代には想定されなかった新たな事態に対応できるよう、相続放棄された建物の管理や処分について、形式的すぎる（無意味な？）手続きを簡略化して円滑な対応が可能となるよう、法制度の整備や仕組みづくりが急務なのです。

住宅の終末期に「ババ抜き」が始まる

購入当時、夢のマイホームだった住宅でも、居住者の死後、売りたくても売れなければ、最終的に空き家の維持管理・解体費用を誰が負担するのでしょうか？　そこに待ち受けるのは、負担する人を決める「ババ抜き」が始まるという悲しい現実です。住宅は、不要になったからといって、消費財のように大型ごみとして捨てることはできません。

２０１５年5月、「空き家対策特別措置法」が施行され、自治体は、一定の要件・手続きを行えば、倒壊の恐れのある危険な空き家（特定空き家）を行政代執行で強制的に解体・除却できるようになりました。こうした解体・除却にかかる費用は、当然、所有者に請求することになりますが、相続人全員が相続放棄すれば、自治体が負担するしかありません。つまり、「その他空き家」の増加と相続放棄の増加は、自治体の財政圧迫につながる危険性が高いのです。

なお、自治体が行政代執行を行う場合というのは、周囲に危険を及ぼしたり、衛生上の問題があるなど、よほどひどい状態のものしか対象にはなりません。また、本来は、所有者が負担するはずの空き家の解体・除却費用を税金でまかなうことには住民の批判も強く、空き家所有者のモラルハザードを招きかねません。

今後、居住者も住宅そのものも老いが深刻化してゆくにもかかわらず、老いた住宅を引き継ぐ人口自体が減っていくことから、空き家の解体・除却への税金投入など、社会的コストが膨らみ続けることが懸念されます。

そのため、住宅の終末期、つまり解体・除却費用を確実に捻出できる新たな仕組みを早急に考えていかなければなりませんが、その必要性は認識されているものの、残念ながら、具体的な動きにまでは至っていないのが現状なのです。

3・分譲マンションの終末期問題

1年で約13万戸ずつ増える

老いた戸建て住宅も、空き家予備軍として深刻な問題ですが、今後、最も深刻化する危険性が高いのが「老いた分譲マンション」です。

一般的に、マンションに使用されているコンクリートの寿命は通常であれば60年程度、良好な状態を維持管理できれば100年保つと言われていますが、配管などの内部設備は30年程度で交換する必要があると言われています。しかし、東京カンテイの調査(6)によると、日本で実際に建て替えを実現したマンションの平均寿命は、全国平均で33・4年となっています。また、全国で建て替えをしたマンションは計198棟で、そのうち、築30年以上40年未満が36・5％と最も多くなっています。

つまり、日本で初期に建てられたマンションの寿命は、コンクリートの寿命から想定されているよりもかなり短く、住み続けるためには、築30～40年で建て替えが必要となる場合が多くなっているのです。

では、建て替えを視野に入れていかなければいけない築35年以上になる分譲マンション（1980年以前に建築）は、今、どの程度あるのかを見てみると、居住されているだけで95万戸（2013年時点、115ページ図表2-2）です。築30年を超える分譲マンションは、図表2-4のとおり、2021年には235万戸に倍増すると推計されており、平均すると、1年で約13万戸ずつ増えていくこととなります。

ちなみに、文京区にある住宅の総戸数（空き家含む）が12・9万戸（2013年住宅・土地統計調査）であることから、老いた分譲マンションが文京区の総住宅戸数相当分ずつ毎年増えていくということであり、この事態がどれほど深刻なのかがわかると思います。

さらに、全国の築50年を超える分譲マンションは、2016年には3万戸、2021年には18万戸、2031年には106万戸にまでなることが予測されています（図表2-4）。

不動産の専門家である牧野知弘氏(7)も、「2020年マンション大崩壊」と称しているよ

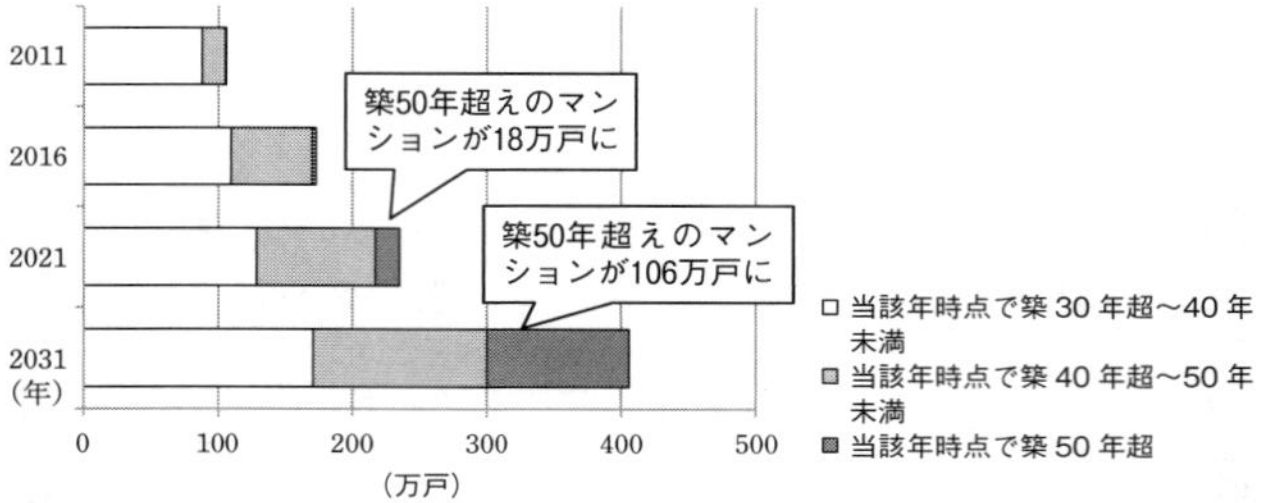

図表 2-4　老いた分譲マンション数の予測
(国土交通省「マンションの新たな管理方式の検討」〔平成24年1月〕のデータより作成)

うに、東京オリンピック後あたりから老いたマンションが続出する可能性が指摘されており、特に大都市圏では、耐用年数を超えたマンションが急増することは確実です。

国の地震調査研究推進本部・地震調査委員会が2014年に発表した長期評価では、首都圏でマグニチュード7クラスの地震が今後30年以内に発生する確率は約70％であると予測されており、旧耐震基準の老いたマンションの多くに、全壊・半壊といった多大な被害が出る危険性もあります。居住者の生命を守るためにも、今後急増する老いたマンションの耐震補強や適切な維持管理が極めて重要になっているのです。

老いたマンションの賃貸化

分譲マンションの区分所有者というのは、第1章でも述べましたが、「運命共同体」です。そのため、居住者の死後の相続問題が、管理組合による維持管理にも影響してくるという特有の問題があります。

　分譲マンションの居住者が亡くなった後、相続人は相続したマンション住戸に住まなくても、固定資産税や管理費等を支払う義務が生じます。そのため、マンション住戸を相続しても自分は住まずに賃貸にする場合も多く、実際に、老いた分譲マンションの賃貸化が増加しています。

　賃貸化が進行することで、マンション内の居住者層が変化することも懸念されますが、分譲マンションの管理組合としてやっかいなのが、住む予定がない住戸を相続放棄されることです。相続人全員が相続放棄をした場合、管理組合は相続財産管理人の選任を家庭裁判所に申し立てる必要があり、最終的に専任された相続財産管理人が、その住戸の処分をすることとなります。

　しかし、この申し立てには、数十万もの高額な予納金に加えて、司法書士などの申請代行費も必要となり、たとえ物件を売却しても、管理費滞納分すら回収できない可能性もあるのです。特に老いたマンションで居住者の高齢化が深刻化している中で、管理組合にこのような難しい対応ができるのかという問題もあります。

　今後、相続放棄される住戸が急増していくと、仮に、管理組合が相続財産管理人の選任といった難しい手続きや対応ができない場合、管理費が徴収できない相続放棄された住戸が増加し、分譲マンション全体の維持管理費・修繕積立金が不足するなど、マンション全体の適正な維持管理に影響を与えかねません。

老いた分譲マンションは、単に居住者の老いだけでなく、老いた居住者が亡くなった後の相続問題によって、「負のスパイラル」に陥りかねない不安定な存在と言えます。

スラム化した福岡の分譲マンション

分譲マンションの管理組合による維持管理が不十分だと、管理費の徴収がきちんとできず、長期修繕計画や修繕積立金に悪影響が出ます。そして、水道の配管などの劣化に伴う漏水で部屋の天井が落ちる、外壁がはがれて通行人や周辺住民に怪我をさせてしまう、壁のひびなどから雨水が浸入し、軀体の鉄筋にサビが生じて膨張し、コンクリートが爆裂するなど、建物自体の「危険建物化」が進んでいきます。

また、共用スペースにゴミやハトの糞などが散乱したまま放置される、共用廊下の電灯がつかない、エレベーターが稼働しない、外部から粗大ゴミの不法投棄や自転車の乗り捨てをされるなど、荒廃が進んでいきます。こうした管理不全によって居住環境の悪化が進み、空き室が目立っていくと、暴力団組員や事務所の入居に伴う発砲事件が発生したり、マナーの悪い住民が入居するなどして、まち全体の治安の悪化にもつながります。
つまり、老いた分譲マンションの急増は、空き室増・滞納者増→管理不全→管理不能→建て替えもできずスラム化→まち全体への悪影響という、負のスパイラルに陥ってしまう危険性が高いのです。

一時、スラム化した分譲マンションとして有名な事例が福岡市にあります。博多駅からわずか徒歩5分ほどにある築40年超の11階建ての分譲マンション（1〜3階はテナント）です。このマンションは、バブル期に、全130戸のうち100戸近くが東京のデベロッパーに売却されたのがきっかけとなって、管理組合の運営が滞りました(8)。管理組合とデベロッパーとの意見が一致しなかったことも影響し、1988年には、マンション全体の電気供給が止まり、エレベーターと屋上の貯水タンクへの上水道の供給が止まり、全戸への給水もできなくなりました。

住み続けることが困難になったため、多くの居住者が出て行き、空き家が増えていくにつれ、浮浪者や不審者のたまり場となり、不審火による火災が発生したり、棟内で白骨化した変死体が発見されたりと、スラム化が現実のものとなったのです。その後も、数年間は、屋上や共用階段の踊り場にはゴミが散乱していたり、焼け焦げた住戸は放置されたままだったりと、建物が適切に維持修繕されているとは言えない状態が続いていたようで、ネット上には「心霊スポット」と取り上げられているほどです。

ちなみに、このマンションは、最近は共用廊下の電灯もエレベーターも稼働しており、一部の住戸は学生用の寮として利用されています。外観を見る限り、空き部屋はあるものの、それなりに入居者がいるようです。また、外壁の落書きは放置されていましたが、自転車置き場などには管理会社によって注意を促す張り紙なども掲示され、エレベーター前に防犯カメラがついているなど、ひと昔前まで、スラム化していたようには見えない状況になっています。

賃貸住宅の検索サイトによれば、「留学生歓迎・保証人なし」として、管理費込みの家賃3・6万円／月ということで、博多駅から徒歩5分という立地の割にはかなり格安で入居者を募集しているようです。このマンションはスラム化した状態から脱しはしましたが、今後、大規模修繕や、設備・建物の必要性が高まった時に、格安な家賃しかとれていない現状では、区分所有者が追加で大規模修繕費を支払うことは難しいと想定され、再度、管理不全に陥ってしまう危険性も考えられます。

「限界マンション」の大量発生

マンション問題の専門家である米山秀隆氏は、著書(9)の中で、今後、これまで供給されたマンションの老朽化が進み、同時に居住者の高齢化や空室化が進んで管理が行き届かなくなり、スラム化に至るマンションのことを「限界マンション」と呼び、こうした限界マンションが大量に出てくること、そして、分譲マンションを最終的に建て替えるのか、解体して区分所有を解消するのかといった「分譲マンションの終末期問題」の多難さについて指摘しています。

当たり前ですが、老いた分譲マンションは、いずれ建築物や配管などの内部設備の物理的な耐用年数を超えてくることから、マンションの区分所有者は、マンションを建て替えるのか、それともマンションの区分所有権を解消して敷地を売却するのか、といった終末期問題から逃れられなくなる時期が必ずやってきます。

しかし、分譲マンションの場合、解体するにしても費用が億単位になり、多数の区分所有者の合意形成という高いハードルがあるため、戸建て住宅に比べて、かなり問題が深刻になります。実際に、これまでマンションの建て替えが実現したのは、阪神・淡路大震災関連を除き、全国で211件、1万6600戸（2015年4月）に過ぎず、極めてハードルが高いということがわかります。

分譲マンションの建て替えでは、建て替え前よりも多く住戸をつくることができれば、その売却益を建て替え費用の一部に充当することができます。そのため、多数の区分所有者の合意形成というハードルを乗り越えられたとしても、分譲マンションの建て替えをするには、容積率を緩和しなければ難しい場合が多いのです。米山氏が行った試算によれば、東京都区部では、1・6〜2・8倍程度の容積率を割り増さなければ、分譲マンション建て替えの採算に合わないという結果となっています。

しかし、ただでさえ全国各地で新築の分譲マンションが大量につくり続けられている中で、仮に合意形成や資金面の高いハードルを克服し、老いた分譲マンションの建て替えが実現したとしても、建て替えで生み出された余剰の住戸が、売りたくても売れない、あるいは価格を相当下げないと売れないといった問題に直面することも懸念されるのです。

実家の被災マンションの経験から

分譲マンションの建て替えについては、もっと難解な問題があります。それは、建設後に、容積率等の法律の規制が変更されたことで、同じ規模のマンションに建て替えができない（「既存不適格」*3という）など、建て替え後に余剰の住戸を生み出せない場合や、仮に余剰の住戸を生み出せても、立地が悪くデベロッパーの協力が得られない可能性がある場合です。そうなると、老いた分譲マンションは、解体費用も捻出できないために放置され、スラム化の一途を辿っていくのです。

その一方で、老いた分譲マンションの建て替えのためということで、容積率の規制緩和を認めはじめると、都市計画法や建築基準法の意味がなくなってしまいかねません。これは、阪神・淡路大震災で被災したマンションの中に、多くの既存不適格マンションが含まれていたため、全壊・半壊した分譲マンションの再建の際、大きな議論を呼びました。

実は、私の実家のマンション（75戸・6階建て）は、建設後に建物の高さ制限が15ｍに引き下げられたため、高さに関して既存不適格状態でした。阪神・淡路大震災では、建物の構造的には損傷は少なかったものの、配管設備等の損傷もひどく、半壊と判定されました。そのため、建て替えか大規模修繕かについて決議をしなくてはならなくなりました。ちなみに建て替えをする場合は6階建てを5階建てにしなくてはならないため、各住戸の専有面積が狭くなってしまうことが判明しました。

管理組合の話し合いでは、住宅ローンを抱えていたり、年金で生活しているなど、各世帯が様々な事情を抱えている中で、議論が重ねられました。

阪神・淡路大震災の復興の際に、こうした既存不適格マンションの再建問題が深刻化したのを受け、再建に限って特例的に容積率等の規制緩和が可能とされ、震災前と同じ延べ床面積の確保が可能とされましたが、最終的に私の実家のマンションは、大規模修繕を選択し、1戸当たり数百万円をかけて、耐震補強とともに、設備配管やクラックの入った壁や床を全面的に修繕しました。

大規模修繕工事の数ヵ月間は、マンションの前まで水道は復旧しているのに、マンション内の設備配管が損傷していて各住戸で水も出なかったため、給水所まで水を取りにいったり、駐車場に共用で設置した屋外の仮設トイレを使うといった生活が続きました。

分譲マンションは、平時でも、区分所有者同士の合意形成が困難ですが、震災後では、職を失う、二重ローンになるといった様々な状況に置かれた区分所有者同士の合意形成を行うのは極めてハードルが高く、当時、管理組合を担っていた理事会の方々は本当に大変な思いをされていたのを今でも覚えています。

こうしてみると、現行の法制度のままでは、実際に建て替えが実現する分譲マンションは限られていると考えるほうが現実的です。そのため、前出の米山氏は、建て替え以外の選択肢として、区分所有を解消して老いた分譲マンションを解体し、その土地を売却するといった仕組みの検討も必要となってくること、最終的にマンションの解体費用に対する公的な支援が必要となってくること、マンションの解体費用を確実に負担する仕組みづくりが必要であることを指摘しています。

分譲マンションには、以上のように長期的に深刻な問題があることがわかっているにもかかわらず、また、すでに明らかになっている問題への抜本的な解決策も講じられることなく、全国で年間7万8000戸（2015年）が新たに販売されています(10)。とりわけ、普通のマンションよりも合意形成のハードルが高い超高層マンションが大量につくり続けられているのです。

もちろん、新築住宅をつくること自体が悪いわけではありませんが、長期的に起こることがわかっている深刻な問題を解決する仕組み自体がないまま、見て見ぬふりでつくり続けられています。区分所有による分譲マンションというものを、今後も引き続き、大量に供給し続けてよいのかを真剣に検討すべき時期にきているのではないでしょうか。

4・住環境も老いている〜公共施設・インフラの老朽化問題

毎日、市内で水道管の漏水や破裂が起きる

老いた空き家が放置・放棄され、周辺に著しく悪影響を及ぼす場合には、最終手段として、税金を使って自治体が対応するしかないケースが増えてしまうことが想定されます。市民も、こうした問題は行政が対応すべきと考える傾向があります。しかし、自治体には、こうした対応をする財政的体力が、もうなくなってきているのです。

日本は高度経済成長期、急激な都市化に対応するために、小・中学校、公民館などの公共施設や、道路・公園、高速道路、トンネル・橋、上下水道施設などのインフラが集中的に整備されてきました。これらは建設されて30～50年経っていることから、老朽化しているものが多いのです。そして、古くなった設備が次々と故障したり、修繕箇所が増えたりと、維持管理だけでもどんどん費用がかさんでいきます。

要するに、**住まいや居住者が老いているだけでなく、公共施設やインフラなど、住宅と密接に関わる住環境自体も老いて崩れてゆく**のです。

たとえば、私たちの暮らしに欠かせないインフラの一つとして「橋」があります。国土交通白書（平成25年度版）によれば、適切な補修・修繕が実施されないことで、損傷がひどくなり、危険性が増して通行止め・通行規制が行われている橋は、全国で約１４００件（２０１３年）もあります。そのほとんどが市区町村が管理している橋です。

また、厚生労働省の調査によると、水道管の法定耐用年数は40年とされていますが、これを超えている水道管の割合が２０１４年度末時点で12・１％もある一方で、２０１４年度中に更新できた水道管は０・７６％にとどまり、このままのペースだと、今ある水道管の更新に約１３０年もかかると試算されています。

しかし、今後、人口は減少し、水道事業の採算性が悪化していくため、更新に使える資金はさらに不足すると推計されています。水道管の老朽化による漏水問題の頻発、水道料金の値上げなど、将来的に国民生活に重大な影響を及ぼしかねません。また、下水道についても、下水道処理区域の人口密度の低下によって、採算性の悪化や老朽化した下水道管の更新費用の不足など、上水道と全く同じ問題を抱えているのです。

埼玉県の秩父市では、水道管の破裂・漏水などにより市民から寄せられる修理の依頼が1年間で700件を超えており、毎日、市内のどこかで水道管の破裂や漏水が複数発生しています(11)。そして、水道管の法定耐用年数40年を超える水道管の割合が全体の2割(120km)、40年目を迎える水道管が毎年10kmずつ生まれています。しかし、計画に沿って現在交換できている水道管は、年に6kmしかないという危機的状況なのです。

これはなにも、秩父市が特別なのではありません。新聞で報道された例だけでも、町田市(東京都)で水道管破裂・水が噴出、北九州市(福岡県)で水道管破裂・国道冠水、大阪市で水道管4ヵ所が次々に破裂、佐世保市(長崎県)で水道管破裂・断水、湖西《こさい》市(静岡県)で水道管破裂・道路陥没など、全国いたるところで起きている大問題なのです。

人の命も奪いかねない

老朽化したインフラの点検・補修や更新がおろそかになれば、インフラの本来の機能の提供に支障が出るだけでなく、場合によっては、人の命に関わる重大な事故を引き起こしかねません。実際に２０１２年12月、中央自動車道の笹子トンネルで、天井板の落下事故が発生し、死者９名と日本ではこれまでに類を見ない大惨事が発生しました。

では、日本の自治体の公共施設の中で、旧耐震基準の公共施設の延べ床割合（築30年以上）がどれくらいあるのでしょうか？

たとえば、各自治体の公共施設マネジメント白書等によると、習志野市（千葉県）は72％（２００９年３月）、目黒区は58・６％（２０１３年３月）、さいたま市は51・９％（２０１２年６月）となっています。東日本大震災では、築60年の藤沢市庁舎（神奈川県）、築53年の高萩市庁舎（茨城県）、築39年の水戸市庁舎（茨城県）が使用不能となってしまうなど、市庁舎が損壊し、震災後の市民生活に多大な影響を与えました。また、２０１６年４月に発生した熊本地震でも、築50年以上の宇土市庁舎が半壊して使用不能となりました。指定避難所となっていた公共施設の耐震化は、東日本大震災後、小中学校などの耐震化が優先されたこともあり、市庁舎などの更新が後回しになっていたのです。

実は、日本と同じような問題が１９８０年代のアメリカでも起きています。日本よりも30年早く１９３０年代に大規模な公共投資が着手されたことから、アメリカではその50年後にインフラの老朽化問題が深刻化しました。橋の崩落事故、損傷、通行止めが相次いで起きるなど、経済や生活に様々な面で影響を及ぼしたのです。ペンシルバニア州では、橋の重量制限のため、橋の手前でスクールバスを降りて歩いて橋を渡らなければならなかったり、マンハッタン島では複数の橋で損傷事故が起こりました。

１９８１年には、『荒廃するアメリカ』*4が出版され、劣化するインフラの状況について警鐘が鳴らされました。そこで、１９８３年、ガソリン税が増税され、インフラの維持管理・更新のために財源の拡充が図られました。維持修繕に力を入れたことにより、欠陥のある橋は減少してきましたが、２００４年時点で、全米で30％弱もの欠陥のある橋が存在していると言われており(12)、いまだに「荒廃するアメリカ」から抜け出せないでいます。ただ、アメリカは、日本ほど人口減少や少子・高齢化が進行していないため、公共施設やインフラの老朽化問題は、日本のほうがかなり深刻な事態と言えます。

このまま自治体が公共施設・インフラの老朽化問題を放置すると、老朽化した公共施設・インフラはやがて崩壊し、市民の命が危なくなってしまいます。一方で、公共施設の新設・改修・建て替えを場当たり的に繰り返すと、将来的に財政が破綻してしまい、市民の暮らしが立ち行かないまちになりかねません。

すべては更新できない

こうした状況をふまえ、国は「インフラ長寿命化基本計画」（２０１３年）を策定し、これに沿って、総務省から自治体に対し「公共施設等総合管理計画」を示し、２０１６年度までの策定に取り組むよう要請しています。

高度経済成長期に、大量の公共施設・インフラを一気につくり、その後減少したため、整備事業費は、ピラミッド形になっています。公共施設やインフラの耐用年数を50年とすると、図表２−５のとおり、これから必要な公共施設の更新費用は、このピラミッド形がそのまま50年分シフトすることとなります。しかし、更新費用を50年かけて捻出するとしても、現在、公共施設を整備する事業費自体は減少していることから、１年間にかけられる公共施設整備・更新費用は明らかに不足してしまいます。

今後、生産年齢人口も減少し、超高齢化が進展していくため、自治体の財政はさらに厳しい状況になっていきます。そのため、今ある公共施設・インフラのすべてを更新することは不可能な状況であることがわかります。

実際に、インフラ問題の専門家である根本祐二氏も、インフラの耐用年数を50年とし、日本にあるインフラを今と同じ量で更新していくと仮定した場合、年間８・１兆円の更新投資を50年間続ける必要があると試算されること、現在の日本の公共投資予算は、名目G

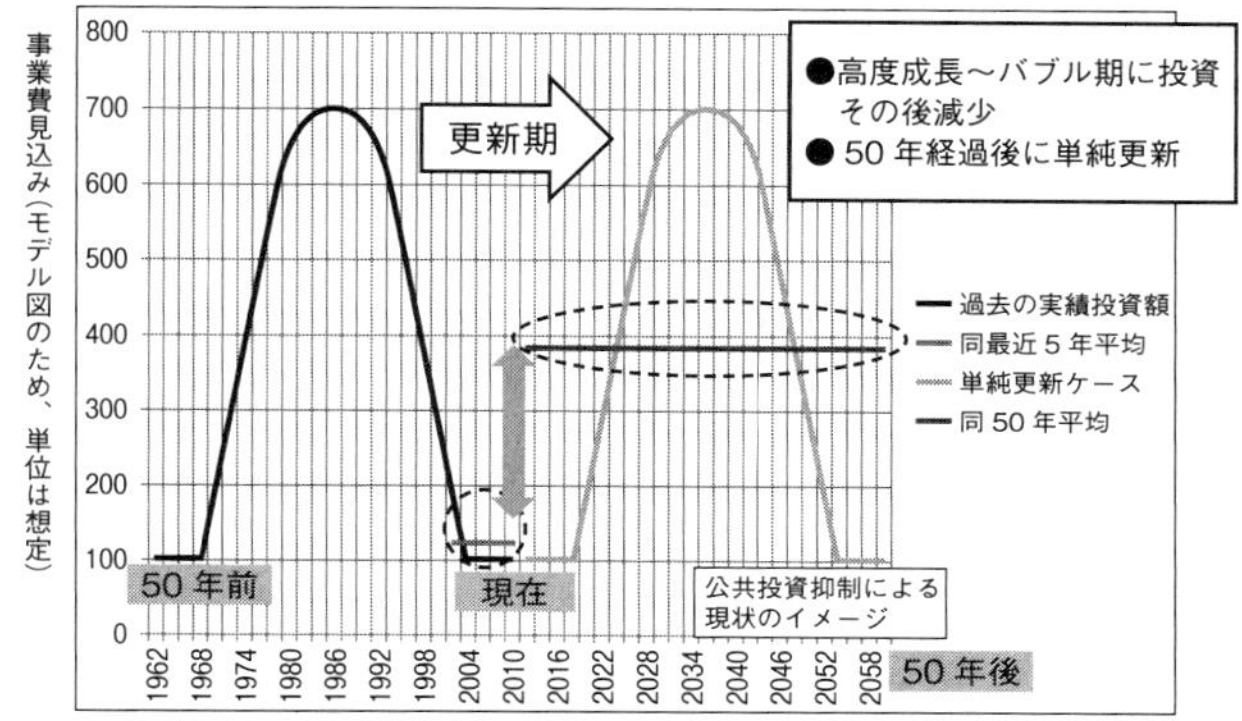

図表 2-5　公共施設の整備ピークから見た更新費用の不足
（習志野市公共施設再生計画〔2014 年 3 月〕）

DPで約20兆円であるため、インフラの更新に必要な投資予算として4割も不足が生じることから、現在のインフラの規模を、単純に言って4割削減する必要があるという結果となることを指摘しています(13)。

老朽化した公共施設やインフラの更新については、予算的な不足の問題だけでなく、それなりに集約・統廃合していかなければ、増大する維持管理費が財政を圧迫するという問題も生じてしまうのです。

習志野市の公共施設再生計画

こうした深刻な状況を背景に、まだ一部の自治体のみですが、公共施設を長く使えるように計画的に維持管理をしていくという長寿命化だけでなく、統廃合したり、その配置を見直したり、民間事業者等と連携して公共施設や公有地を利活用して少しでも財源を確保していこうという動きが出始めています。

老朽化した公共施設の再生について、長期的・計画的な観点から取り組んでいる先進的な自治体の一つとして、習志野市（千葉県）の事例を見てみましょう。

習志野市では、将来の人口推計、現在市内にある公共施設の築年数・延べ床面積等を分析しています。その結果、すべての公共施設を更新する場合に必要な事業費は、合計で965億円、平均で1年に38億円と試算されました(14)。しかし、習志野市がこれまで公共施設にかけてきた事業費は、最大でも1年に15億円であるため、老朽化した公共施設の更新に必要な事業費の40％しか確保できないことがわかったのです。

つまり、今後、公共施設の総量を60％も減らさなければならないわけです。しかし、お金がないからといって、実際に公共施設の総量を60％も減らしてしまえば、行政機能そのものを維持できなくなってしまいます。

そこで、習志野市では、①時代の変化に対応した公共サービスを継続的に提供すること、②人口減少社会の中で持続可能な都市経営を実現すること、③将来世代に負担を先送りしないことを目的として、「公共施設再生計画」が２０１４年３月に策定されました。

そして、「公共施設の保有総量の圧縮」、「長寿命化」などの対策を講じ、公有地などの有効活用による財源確保や、民間活力の導入による維持管理費や運営費の効率化を行うことで、事業費965億円を約26％減らし、総事業費714億円、平均で28・5億円／年とすることが計画されています。

さらに、地区別に公共施設の具体的な再生・再編についても踏み込んで検討され、各公共施設の機能に着目し、更新時期や複合化する施設、改修を行う時期が計画されています。特に、老朽化している小学校の建て替え等に伴い、主に地域住民が利用する公民館のような施設なども併設して複合化するといった施設配置が方針として計画されています。こうした取り組みによって、各地域に根差した小学校が公民館等の施設なども併設して複合化しながら、新たに建て替えられたり、増築されることで、災害時でも安心・安全な避難所となることも期待できます。

習志野市では、こうした計画の策定だけでなく、具体的な地区として京成電鉄・京成大久保駅前への公共施設の集約・複合化に向けたアクションが、全国に先駆けてスタートしています。

大久保地区では、1968年築の生涯学習施設、1975年築のこども会館、1977年築の公民館などの老朽化した複数の公共施設を廃止し、京成大久保駅前の市民会館や図書館・勤労会館・公園のあるゾーンに集約・複合化し、このゾーンにある1966〜1

980年築の公共施設を建て替えることになっています。また、既存の公共施設の一部は、耐震性が確保されているため、既存の建物の躯体を活用してリノベーションをすることで、建設コストの削減も目指されています。

計画にあたっては、これまでの公民館等の使われ方の調査を行い、中央公民館ゾーンには、可動壁で分割利用ができる部屋、絵画や工作などのアトリエ利用ができる部屋、音楽・演劇・展示・ワークショップなど多目的利用ができるホール、会議室としても利用ができる多機能なキッチン・ダイニング、公園との出入りがしやすいこどもスペースなどの整備がなされる予定です(15)。公共施設の数や公民館等の諸室数の面積は集約前から減ってしまうものの、民間との連携事業とすることで、開館日数・開館時間を拡大し、年間利用可能枠は集約前から約3割増えることとなっています。

そして先進的な取り組みとして、建設後の維持管理や運営費用の効率化や民間の創意工夫を活かした事業運営にも踏み込んで検討されています。たとえば、単に行政としての業務を民間に委託するというだけでなく、「民間公共的事業」というものを創設していま す。これは、市の方針に基づいて行う業務を民間が独立採算で実施するものです。また民間収益事業として、市民の要望が多く、テナントとして誘致を期待するもの(カフェなど)も導入できるようにしています。公民連携によって公有資産を有効活用することで、財源を確保していこうという新しい動きが始まっています。

選挙の票につながらないから……

公共施設の中でも、地域交流活動やサークル活動などで利用される公民館などは、利用する市民や様々なコミュニティにとっての貴重な拠点や交流の場となっています。こうした場が、多様な人と人のつながりを生み、地域力を醸成しているとも言えます。ですから、それらの利用頻度が高いリタイアメント世代から反対されやすい施策は、一市町村が自主的、積極的に取り組むためには極めてハードルが高いのも事実です。

実際、全国の市町村の多くで、老いた公共施設やインフラの更新問題については、習志野市と同様に深刻な事態となっているにもかかわらず、長期的・計画的な視点で、公共施設の総量をどの程度減らすべきなのかを検討したり、そのための具体的なアクションを起こすまでには至っていないのが現状です。この背景には、市民の反対が大きいことが予測されることや、選挙の票につながらないために、首長や議員が積極的に取り組もうとしないこともあるでしょう。

しかし、利用できていた公共施設が統廃合してしまう、縮小してしまう、遠くなって不便になるといったことばかりをクローズアップしてネガティブな話にするのではなく、効率的で利便性の高い運営のもと、時代のニーズに即した質の高い公共施設へと新しくつくり変えるという創造的な話として考えることも必要不可欠です。

公共施設の再編・再生により、効率的で利便性の高い運営や財政負担の軽減ができることで、将来的に必要となる公共サービスの財源を生み出していけたり、集約した公共施設の跡地の利活用を進めることで、跡地周辺のまちづくりに寄与していくことも期待できます。何よりも、こうした再生・再編計画や新しく生み出される公共施設の計画づくりやその後の運営のあり方など、市民・行政・民間企業が対話や議論を重ねるプロセスこそが、地域力向上のためのチャンスになると前向きにとらえるべきなのです。

増分主義から減分主義へ

繰り返しになりますが、公共サービスの量や質の過度な低下を招かずに、維持・提供していくためには、市民との対話を重ねながら、自治体の責任において公共施設の統廃合・縮小や適正な配置等の取り組みを避けては通れない時期が到来しているのです。

行政学・財政学の専門家である宮脇淳氏はこんなことを指摘しています(16)。

「戦後では右肩上がりを前提にしたインクリメンタリズム、日本語になおすと『増分主義』によって制度が作られてきた。これは、新しく増えた所得の分配だけを決めればよ

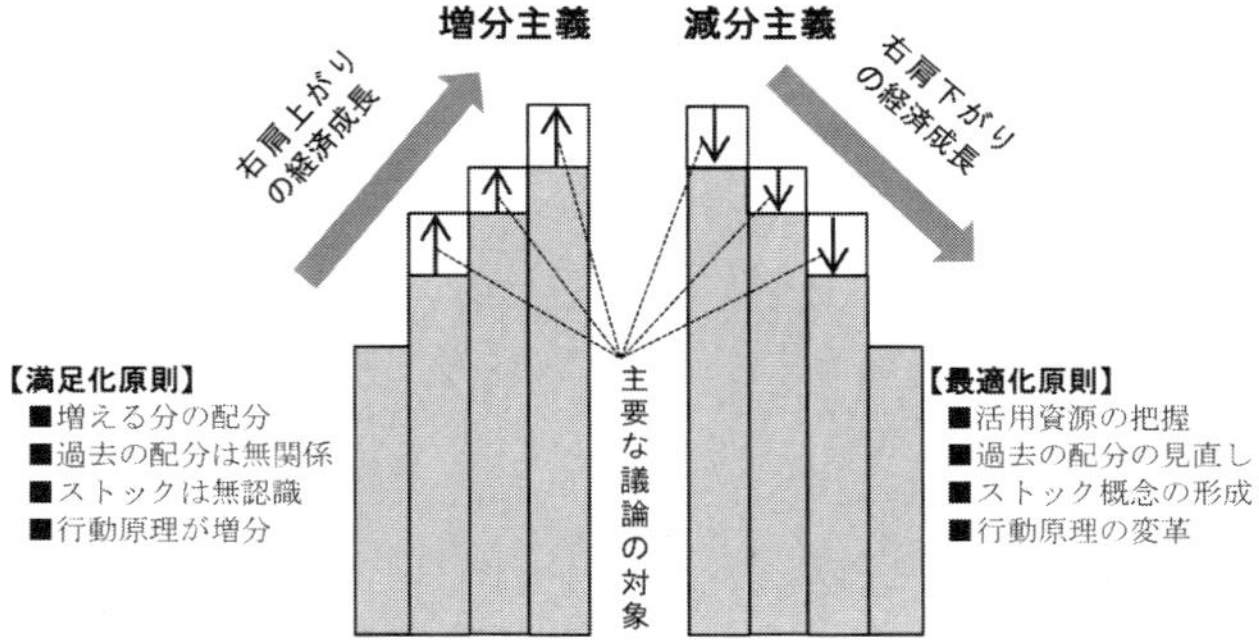

図表 2-6　増分主義と減分主義
（宮脇淳編著『自治体戦略の思考と財政健全化』(15)を参考に作成）

く、過去の配分は考えなくていいという仕組みである。そして『行政の可能性は無限である』という考え方、つまり『満足化の追求』であった。これからはディクリメンタリズム（『減分主義』）という考え方を採る必要がある。行政には限界があるということを市民も共有する必要がある」

要するに、人口・経済の右肩上がりの時代には、満足化の追求という原則のもと、新規増加分の配分だけが議論の対象でしたが、人口も世帯数も右肩下がりとなる今後は、最適化の追求という原則のもと、既得権益の見直しにも踏み込みながら、何を削減するかが議論の対象となるということなのです（図表2-6）。

こうした減分主義が、様々な政策や制度改善の大前提になることが重要ですが、残念なことにまだ一般的な考え方として浸透しているとは言えません。

公共施設の再生・再編はようやく、この「減分主義」の考え方で着手され始めてきたと言えるでしょう。

高度経済成長期に一斉につくられた公共施設やインフラは、更新期を迎えています。しかし、老いた公共施設・インフラへの維持管理費がますます増大し、現在の財政状況では全てを更新できないとわかっているにもかかわらず、都市計画や住宅政策では、相変わらずの「増分主義」に基づいた規制緩和や補助金支出から転換できないまま、居住地はどんどん広がり続けています。

今後、小中学校や公民館等を長寿命化して維持したり、統廃合をして、集約・多機能化するなどの公共施設の再編・再生を検討する際には、単に個々の公共施設の老朽化の度合いといった観点だけでなく、それぞれのまちの将来的な人口動向や人口密度、交通アクセスのしやすさや高齢者等の交通弱者への交通サービス状況、災害等のリスクといった多様な条件を重ねあわせながら、どのような立地が公共施設として効率的・効果的なのかといった「立地誘導」の観点が重要となってくるでしょう。

すなわち、公共施設の再編・再生と都市計画・住宅政策が連携していくことが、まちづくりにとって極めて重要なのです。長寿命化したり、集約・多機能化する公共施設にアクセスできないエリアでは、新築住宅を抑制し、逆に、こうした公共施設にアクセスできるエリアでは、新築住宅の建設や空き家や空き地の利活用を積極的に支援するといった都市計画・住宅政策を行うことで、効率的な相乗効果が期待できるのです。

第2章補注

＊1　住宅・土地統計調査は、統計理論に基づいた標本調査（調査対象が全国の縮図にできるだけ近くなるよう調査対象を抽出）で、国が5年ごとに実施している。なお、居住世帯のない住宅（空き家）は、調査員が外観等から判断することにより調査されている。

＊2　民法940条では、「相続の放棄をした者は、その放棄によって相続人となった者が相続財産の管理を始めることができるまで、自己の財産におけるのと同一の注意をもって、その財産の管理を継続しなければならない」とされている。

＊3　既存不適格とは、建てられたときには法律に合っていた建築物でも、その後の法改正により、その建築物の全体や一部が、現在の法制度には適合していない状態の建築物のことを指す。既存不適格でも、建築時のままで継続して使う場合には、法令の規定で不適合のまま存在することが許容されていますが、増築や建て替え等を行う際には、新たな法令に適合するよう建築しなければならないこととなる。

＊4　P・チョート、S・ウォルター著、米国州計画機関評議会編。

第2章引用文献

（1）国土技術政策総合研究所「人口減少社会に対応した郊外住宅地等の再生・再編手法の開発」、国土技術政策総合研究所プロジェクト研究報告№26、2009年2月

（2）野村総合研究所ニュースリリース（2015年6月22日）
（3）国土交通省社会資本整備審議会第42回住宅宅地分科会資料「空き家の現状と論点」（2015年10月26日）
（4）（一財）神戸すまいまちづくり公社「つるかぶと団地リノベーションブック」、2016年1月
（5）国土交通省社会資本整備審議会住宅宅地分科会第36回資料「我が国の住生活をめぐる状況」（2015年4月21日）、及び第41回資料「既存住宅ストックの現状」（2015年9月30日）より算出
（6）株式会社東京カンテイプレスリリース「マンション建替え寿命」、2014年7月31日
（7）牧野知弘『2020年マンション大崩壊』、文春新書、2015年8月
（8）村島正彦「建物の維持管理」、『建材試験情報』、（財）建材試験センター、2010年12月号
（9）米山秀隆『限界マンション——次に来る空き家問題』、日本経済新聞出版社、2015年12月
（10）株式会社不動産経済研究所「全国マンション市場動向——2015年のまとめ」、2016年2月
（11）NHKクローズアップ現代+№3566「押し寄せる老朽化　水道クライシス」、2014年10月16日放送
（12）国土交通白書（平成18年度）
（13）根本祐二『朽ちるインフラ　忍び寄るもうひとつの危機』日本経済新聞出版社、2011年5月
（14）「習志野市公共施設再生計画」（2014年3月）
（15）習志野市「大久保地区公共施設再生基本計画」（2016年1月）
（16）宮脇淳編著『自治体戦略の思考と財政健全化』、ぎょうせい、2009年3月

第3章

住宅の立地を誘導できない都市計画・住宅政策

写真 3-1　熊本地震で出現した南阿蘇村の断層（国土地理院）

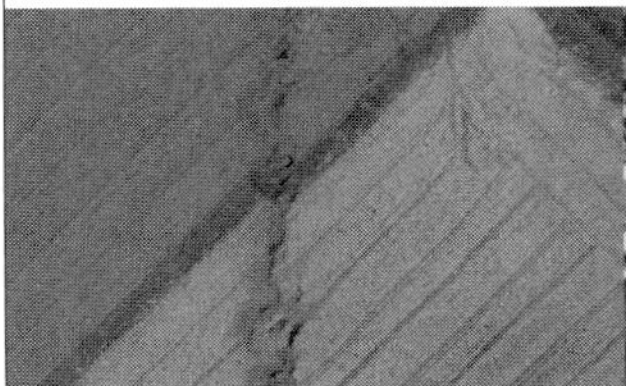

写真 3-2　熊本地震で出現した益城町の断層（国土地理院）

住宅過剰社会の助長を防ぐためには、新築住宅の立地を、公共施設・インフラの再生・再編の動きと連携しながら、すでに整備したまちへといかに誘導できるかが鍵を握ります。しかし、日本は、住宅の立地を誘導するという機能がとても弱いのです。本章では、住宅の「立地」の観点から、住宅過剰社会が抱える構造的な問題を見ていきましょう。

1・活断層の上でも住宅の新築を「禁止」できない日本

災害の危険性が想定される区域でも……

昨今、想定を超えるような大雨・ゲリラ豪雨が頻発し、洪水による浸水被害や、がけ崩れ・土石流といった土砂災害などで、大きな被害が出ています。また、首都圏直下型地震や南海トラフ巨大地震も懸念されています。

そのため、住民の生命や財産を守るといった点から、災害の危険性があるような区域には、少なくとも住宅の新築を抑制することも選択肢の一つとして考えられます。

2016年4月、熊本県熊本地方を震央とする地震が発生し、益城《ましき》町と西原村では震度7を観測、熊本県や大分県下のまちで多大な被害が出ました。国土地理院の調査によると、前ページ写真3−1、3−2のように、熊本地震によって、断層が地表に現れています(1)。写真3−1から、こうした断層が出現した農地の周辺には、家屋が建ち並んでいることがわかります。

今後、復興計画の検討を進める中で、明らかに断層があると判明した区域で、損壊した住宅を同じ敷地に再建するのかどうかなど、暮らしの再建、農業等の再建とともに、自治体が住民と議論を重ねていくこととなります。活断層の真上に位置する西原村では、多くの集落・地区が全壊し、土砂崩れの危険性もあることから、東日本大震災でも活用された集団移転*1という話も、復興に向けた手法の判断材料の一つとして出ています。

こうした災害の危険性の観点から、土地利用の規制を行う制度として、建築基準法第39条に基づく「災害危険区域」というものがあります。「災害危険区域」は、津波、高潮、出水等による危険の著しい区域を指定して、建築に関する制限をかけられるもので、その指定は自治体の条例で行います。基本的には、居住に適当でないと認められる区域で住宅の集団移転の支援(宅地の買い取り等)を伴う場合に、住宅の新築を禁止する「災害危険区域」の指定を行うことが多く、集団移転を伴わない場合には、建築物に対する制限(床の高さや建築構造などの制限)を課すことが多いという傾向があります。

ただし、日本では、伊勢湾台風(1959年)・北海道南西沖地震(1993年)・新潟県中越地震（２００４年）・東日本大震災（２０１１年）など、過去に発生した災害が、再度、同じように起こる可能性が高い被災地に対して、「災害危険区域」を指定することが多く、災害前の指定は極めて難しいとされています。

災害危険区域以外にも、災害の危険性から、自治体が指定できる区域として、「土砂災害特別警戒区域」（土砂災害防止法）や「津波災害特別警戒区域」（津波防災地域づくり法）などがあります。

「土砂災害特別警戒区域」では、住宅・宅地の分譲、災害弱者が利用する社会福祉施設等の建設については、土砂災害に対する安全性が確保されている場合に限り、都道府県知事が許可することとなっており、分譲目的ではない自己用住宅の新築は禁止されていません。

また、「津波災害特別警戒区域」も、災害弱者が利用する病院や学校等の建設については、技術的な基準に適合している場合に限り、都道府県知事が許可することとなっており、市町村の条例で新築を規制する場合を除き、基本的には、住宅の新築は禁止されていません。実際に「津波災害特別警戒区域」を指定した都道府県は、２０１６年3月末時点でありません。

要するに、災害の危険性の観点から、住宅の新築を禁止する区域を指定するには、様々なハードルがあるのです。その理由は、財産権の保障といった問題だけでなく、区域に指定されてしまうことによる資産価値の低下、地域イメージの悪化による過疎化などを懸念して、住民からの反対が根強く、また、区域を指定する際に、危険性を判断するための科学的根拠を明示することが難しいからです。さらに、自治体側の問題として、区域指定やその後の支援措置に必要な財源や業務を行う人材の不足といった問題もあります。

日本では、災害が起こる前には、住宅の新築を禁止するという規制的な手法をとることがほとんどできないということがわかるでしょう。

徳島県の特定活断層調査区域から

防災に力を入れている自治体の一つは徳島県です。２０１２年12月、「徳島県南海トラフ巨大地震等に係る震災に強い社会づくり条例」を施行し、日本で初めて、「津波災害警戒区域」を指定しました（前述した「津波災害特別警戒区域」とは異なり、建築・開発行為の制限はなく、津波が発生した場合に人的災害を防止するための警戒避難体制を整備しようという区域です）。

さらに、「津波災害警戒区域」の指定以外にも、独自の取り組みとして、活断層のずれによる被害を未然に防ぐため、活断層を中心とする40ｍの幅の区域を「特定活断層調査区

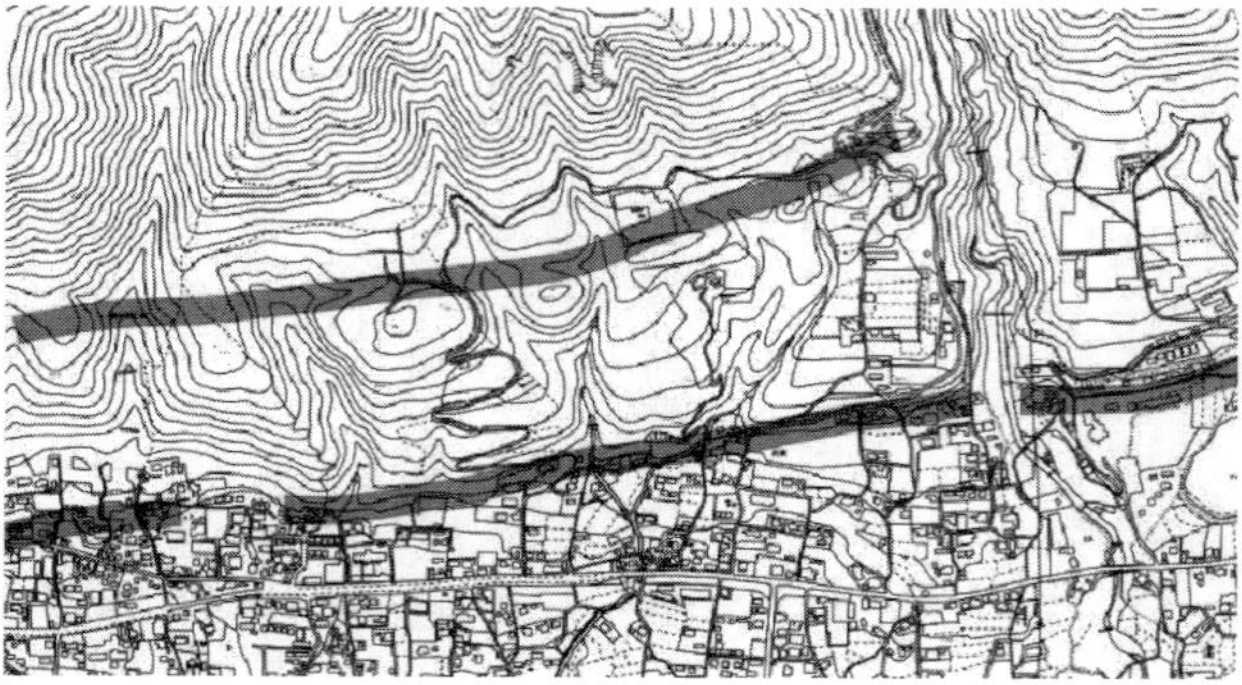

図表 3-1　徳島県の特定活断層調査区域の例
（徳島県とくしまゼロ作戦課ＨＰにおける特定活断層調査区域　徳島県告示第 516 号〔平成 25 年 8 月 30 日〕）

域」に指定（図表3－1）しています。

この区域内で、特定施設の新築等を行う場合には、事業者が活断層の調査を行い、活断層の直上を避けて建設するよう誘導することで、長期的に緩やかな土地利用の適正化を図ることを目指しています。ただし、この特定施設は、一定規模以上の学校・病院等の多数の人が利用する建築物と危険物を貯蔵する施設とされており、戸建て住宅や１０００㎡未満の2階建て程度のアパートなどは、特定活断層調査区域であっても、活断層の直上に建設することは可能となっています。

徳島県の担当者にお話を伺ったところ、「特定活断層調査区域を指定する際には、土地・建物の資産価値にも影響する可能性があることから、断層地形がはっきりと露出しているなど、科学的根拠として明確になっている活断層しか対象にできなかった」とのことでした。そのため、図表3－1のように、実際に指定されている特定活断層調査区域は、連続した線にはなっていない部分が見られます。

このように、たとえ活断層の上であっても、また土砂災害や津波被害の危険性が想定されるような区域であっても、財産権へのこだわりが強い国民性や、憲法にある財産権の保障といった問題を背景に、住宅の新築を禁止することが難しいのです。こうした現状は、土地利用の規制的な手法によって、住宅の立地を誘導することが、どれほど難しいことなのかを物語っていると言えます。

では、他の国ではどうなっているのでしょうか？

地震の多いアメリカのカリフォルニア州は、１９７１年に発生したサンフェルナンド地震で、特に断層沿線で被害が大きかったことを契機に、１９７２年に活断層法を制定し、活断層から15m以内は、基本的に住宅の建設は禁止されています。そして、地震断層地帯に指定された区域内の土地の売買等においては、こうした情報を公開しなければならないとも定められています。

これには、アメリカのような国では、活断層付近の土地利用を制限せずに住宅を建設し、その結果として人的被害が出たら、制限をしなかった行政に対する訴訟問題へと発展してしまうといった国民性も関係しています。

また、ニュージーランド政府は、２００４年に活断層対策の指針を出し、危険度や建物の重要度に応じて、土地利用を規制することを自治体に求めています。

一方、日本には、活断層法のような法律は存在していません。この背景には、日本は地中に密集して多数の活断層があり、規制の科学的根拠を明確にすることが難しいだけでなく、すでに活断層の上に多くの住宅が建っている場所も多いため、今さら、活断層の上だからといって、住宅の新築を禁止することは現実的に難しいのです。

津波想定浸水地域に住宅が新築される浜松市

カリフォルニア州のような「規制的な方法」によらなくても、徳島県の条例のように、「特定活断層調査区域」を公開するなど、災害リスクに関する事前の情報提供という「誘導的な手法」によって、活断層の直上に戸建て住宅の建設が回避される、つまり、実質的な住宅の新規立地を誘導する効果を期待することも手法の一つとして考えられます。実際に、カリフォルニア州では州民事関連法規で、土地や建物の売買の際に、災害の危険性がある土地であるという情報を売り手が買い手に対して提供する義務が規定されています。

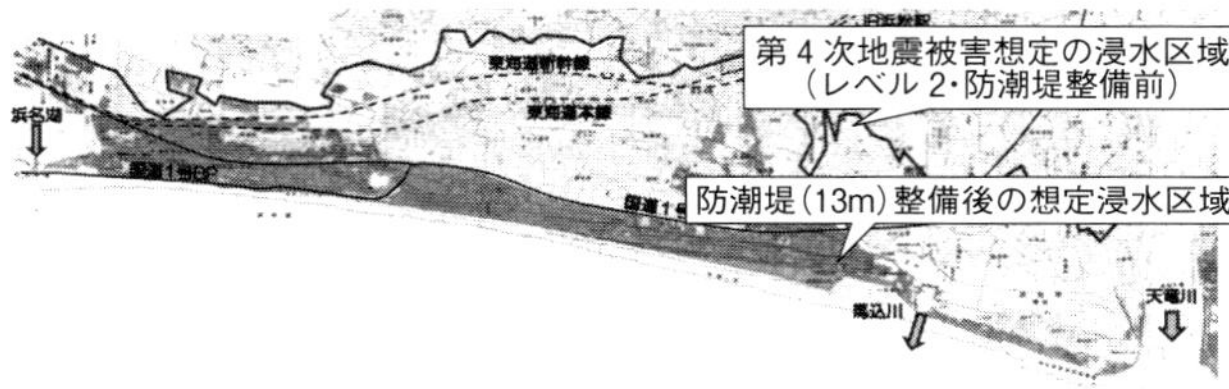

図表3-2　浜松市沿岸域の防潮堤整備後の津波想定浸水区域の状況
（浜松市沿岸域防潮堤パンフレット〔静岡県浜松土木事務所〕より作成）

しかし、事前に情報提供をしたとしても、災害リスクがあると予測される区域で新築住宅が建てられるという悩ましい現象が浜松市で起きています。

浜松市では、東日本大震災後に行われた静岡県第４次地震被害想定の結果、南海トラフ巨大地震規模の場合の津波想定浸水区域は合計４１９０haと想定されました。そのため、現在、市内の民間企業による寄付金３００億円で防潮堤を整備中で、整備後には、図表３-２のように、津波想定浸水区域は１３６１haにまで軽減されることとなります。

実は浜松市では、津波想定浸水区域であることを知っているにもかかわらず、防潮堤が整備された後でも浸水すると想定されている沿岸部に、（数はかなり減少しているものの）住宅が新規に立地するという現象が発生しています。この背景には、「津波リスクで地価がかなり安くなった」、「防潮堤ができるから大丈夫」、「親族との近居が必要」、「自分が生きている間に津波は来ないと信じている」、「もし津波が来たら津波避難タワーなどに避難すればよいだろう」など、購入者側の様々な考え方もあります。

こうした浜松市での現象は、事前の災害リスクの情報提供だけでは、住宅の新規の立地を誘導するのがいかに難しいかということを示していると言えます。しかし、防潮堤の整備後も浸水すると想定される区域については、現在の居住地での津波避難タワーの整備を充実させて安全性を確保したうえで、せめて、住宅の新規の立地だけでも抑制していくことを検討する必要があるのではないでしょうか?

防災のために住宅の新築を禁止するといった土地利用の規制は、私権の制限という観点からではなく、将来世代へのメッセージとして残すという観点からとらえることも重要です。災害リスクといった観点から、居住地としての総量をこれ以上増やさないようにするにはどうすればよいのかについて、私たち一人一人が真剣に考える必要があるのです。

2・住宅のバラ建ちが止まらない

群馬県みどり市の事例

地方都市を車で走ると、農地の中に、住宅、工場、店舗などが混在して建っている様子

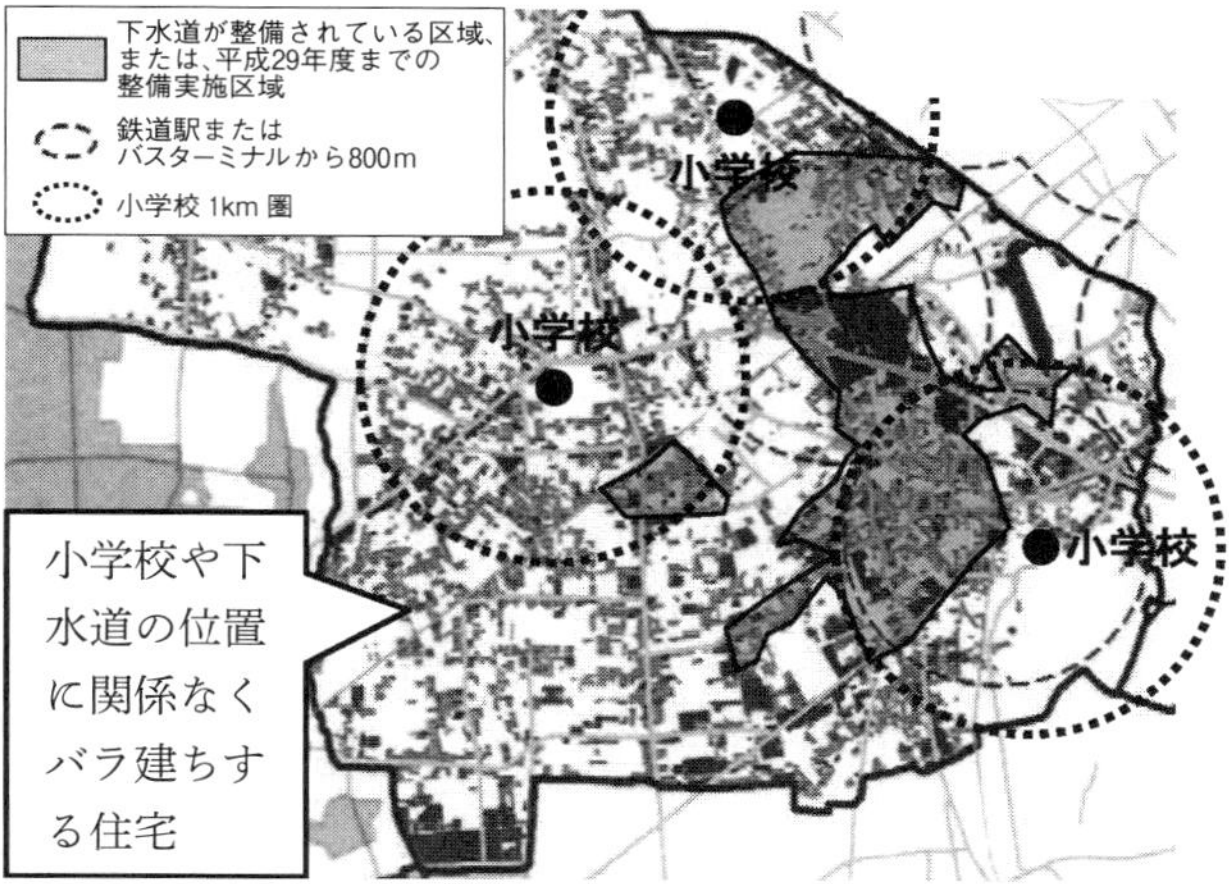

図表 3-3　みどり市の住宅のバラ建ちの様子

（群馬県「人口減少下における郊外土地利用のあり方検討会」〔2015 年 11 月〕で使用された土地利用現況図をベースに作成）

をよく見かけます。たとえば、群馬県のみどり市では、図表3－3のように、下水道が整備されている区域や小学校からの距離に関係なく、住宅等のバラ建ちが広く薄く進行している様子がわかります。そして、農地エリアの中に、住宅がぽつぽつとバラ建ちしているだけでなく、工場やラブホテルなど、様々な用途の建物の混在化が進行しています。こうした状況は、地方都市の多くのまちで見られる光景です。

では、住宅がバラ建ちしたり、様々な用途の建物が混在することは、いったい何が問題なのでしょうか？

まず、工場・物流等からの騒音・振動・臭気などの公害トラブルや大型車の頻繁な往来などによって、居住環境に影響が及びます。工場にとっては、周辺の住宅地や農地等への配慮を要することで操業機能が低下します。農業にとっては、虫食い状の宅地化や周辺の住宅地化・工場立地によって営農環境が悪化していきます。

つまり、様々な用途の建物が混在して虫食い的に開発されていくと、それぞれの環境や活動に、悪い影響を及ぼし合ってしまうのです。

群馬県では、豊かな自然環境を活かして、様々な農畜産物が生産されており、首都圏への安定的な食の供給の面からも重要な役割を担っています。そのため、農地が虫食い的・場当たり的に、住宅や工場等になっていくことで、まとまりのない不整形な農地が増え、農業生産機能の低下が深刻化していくといった影響も懸念されます。

その一方、群馬県は、自動車製造業をはじめとするものづくり産業もさかんで、日本国内・諸外国への自動車や部品等の供給の面でも重要な役割を担っています。そのため、こうしたバラ建ちの進行により、まとまった土地が喪失していき、せっかくの新規の産業誘致の需要も取り込めない場所がでてきています。

まとまりのないまちの末路

住宅がバラ建ちしていても、様々な用途の建物が混在していても、人によっては、隣に工場やラブホテルが建っても気にならない方もいるでしょう。しかし、こうした個人の受忍限度やライフスタイルという観点を超えて、まち全体の観点からみると、住宅のバラ建ちの進行は、将来的に深刻な問題が懸念されています。

みどり市は、全体の人口はすでに減少局面にあります。こうした中で、新築住宅のバラ建ちが進行していくと、居住地の面積を拡大するため、人口密度は低下していきます。居住地の面積が無計画に広くなることによって、道路や上・下水道などのインフラ、小中学校・公民館などの公共施設の維持管理・更新への財政負担が増し、市民一人一人に重くのしかかってきます。

実際に、みどり市で人口1人当たりの水道管延長や市町村道面積の将来予測を見ると、右肩上がりに増えていくことがわかります（図表3－4）。今後、多くの市町村で人口が減少していくため、同じような問題が全国各地でおきることは確実です。

第2章で述べたように、現在の自治体の財政状況では、老朽化した公共施設やインフラすべてを更新することは不可能であるということがわかっています。にもかかわらず、無計画な居住地の拡大につながる住宅のバラ建ちが、いまだに続いているのです。

まちにまとまりがないまま、人口減少と居住者の高齢化が進行していくと、移動距離・移動時間の非効率さと深刻な財源不足から、各住宅への戸別サービスが提供されない、あ

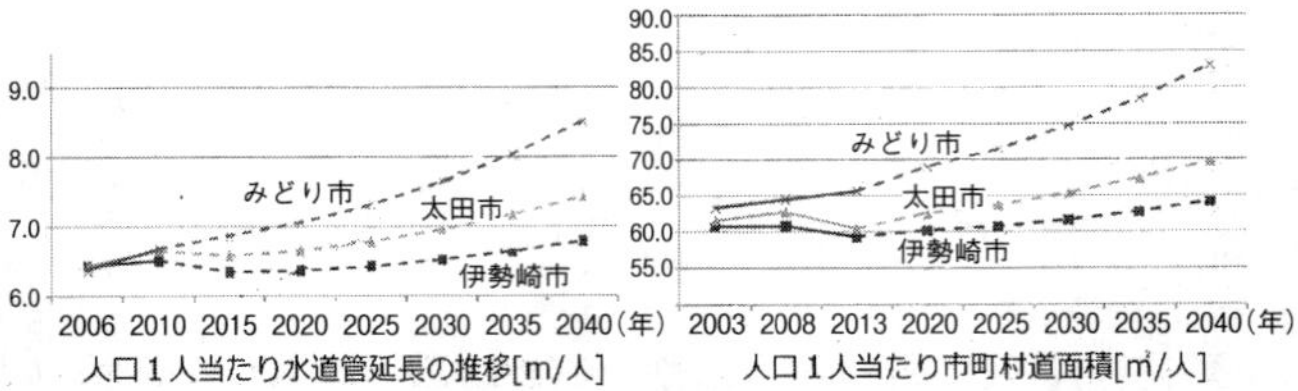

図表 3-4　みどり市の人口１人当たり水道管延長と市町村道面積の推移
(群馬県「人口減少下における郊外土地利用のあり方検討会」〔2015 年 11 月〕資料)

るいは追加料金を支払わないと提供されない地域が増えることが懸念されています。

地方都市では、ホームヘルパーが一日に回れる世帯数も以前より減っており、移動距離が長いために時間通りに訪問できなくなってきています。この現象は、高齢者へのサービスだけでなく、宅配サービスやゴミ収集といった、生活に必要不可欠なサービスにも影響が出る恐れがあることを示唆しています。今後はサービスを提供できる労働者世代の減少が顕著になるため、今以上に効率性・採算性を求めざるを得なくなり、サービス提供網が粗くなっていく危険性が高いのです。

また、人口の低密化が進行すると、ロードサイドの大型ショッピングセンターやチェーン店、地方都市の暮らしに欠かせないガソリンスタンドなどの統廃合や撤退によって、今よりもはるか遠方にまで移動しなくてはならなくなります。法改正で貯蓄用地下タンクの改修費用が必要になったことや経営者の高齢化なども影響していますが、経済産業省によると、2005年度末から10年間のガソリンスタンドの減少率は、全国で29・6%に上っています(2)。また、居住地から最寄りのガソリンスタンドまでの距離が15km以上離れている地域を抱えている市町村は、257市町村にも上っています(2015年)。

このように、まちとしてのまとまりを形成せずに低密に拡大し続けるまちは、住宅単体としての話はさておき、住環境として見た場合に、今のように暮らしやすいまちのままであるかは、極めて疑問なのです。

開発規制がないに等しい非線引き区域

ではなぜ、地方都市で住宅のバラ建ちが進むことを止められないのでしょうか?

実は、これも都市計画が大きく影響しているのです。

日本の都市計画の枠組みの中には、図表3-5のように、市街化区域でも市街化調整区域でもないという不思議な区域が存在しているのです。こうした区域は、「非線引き区域」と呼ばれています。

「非線引き区域」とは、都市計画法による開発の規制がないに等しい区域であり、農地関係などの他法令の規制が許せば、住宅ならほぼどこでも建てられるのです。先ほど述べた

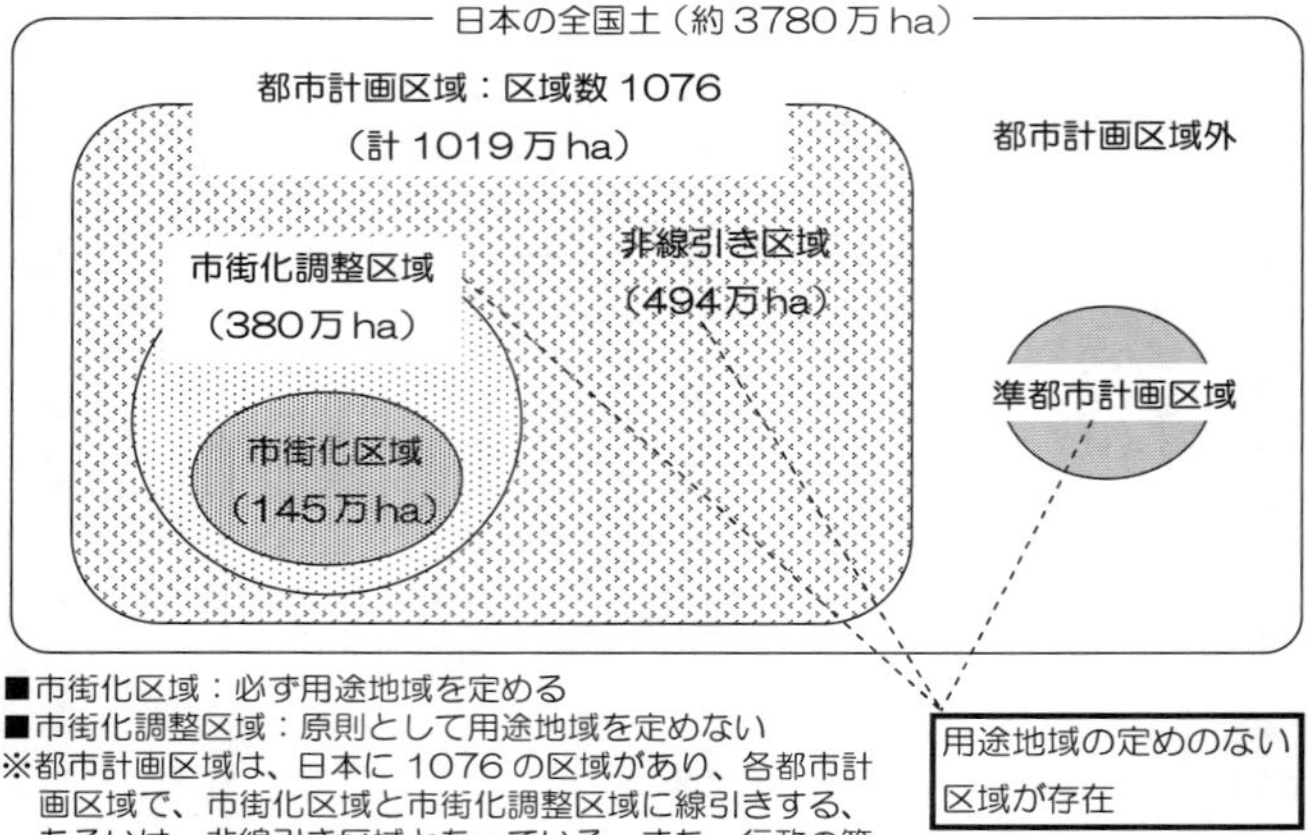

■市街化区域：必ず用途地域を定める
■市街化調整区域：原則として用途地域を定めない
※都市計画区域は、日本に 1076 の区域があり、各都市計画区域で、市街化区域と市街化調整区域に線引きする、あるいは、非線引き区域となっている。また、行政の範囲と都市計画区域が一致しない場合がある
※面積・区域数は平成 26 年都市計画年報のデータを使用

図表 3-5　日本の都市計画の枠組みのイメージ

群馬県みどり市をはじめとして、地方都市の多くが非線引き区域となっています。

建物の用途の混在を防止するために、地方都市の中には非線引き区域の一部に用途地域を定めている場合もありますが、新築住宅がこうした区域内で建てられるとは限りません。むしろ用途地域が定められていない区域のほうが、開発業者にとっては開発規制が緩く、自由に建てやすいので、新築住宅の立地が野放図に進んでいる地域も見られます。

本来は、都市計画として、様々な用途の建物の無計画な混在の進行を防ぐために、営農環境と調和しながら、住宅や工場等を建てられるよう、計画的に開発を誘導することが必要です。しかし、非線引き区域は、都市計画法上、開発の規制がないに等しい区域となっているために、焼畑的な住宅のバラ建ちや建物用途の混在が進行しながら、広く薄く居住地が拡散することを防げないでいるのです。これはとても残念な事態です。

では、住宅のバラ建ちは、空き家の増加に対してどのような影響があるのでしょうか？群馬県みどり市では、非線引き区域に、住宅がどんどんバラ建ちしていったこともあり、住宅総数の増加率は、２００３年から10年間で１・３１倍となっており、江東区（１・３２倍）と同程度となっています（住宅・土地統計調査）。みどり市と江東区では住宅総数の規模が異なるものの、住宅総数の増加率は、超高層マンションの建設ラッシュが続いている江東区と変わらないという驚くべき状況となっているのです。

その一方、江東区の空き家増加率は、２００３年から10年間で１・０９倍とあまり変化がないのに対し、みどり市では、２・１５倍と倍増しています。特にみどり市では、「その他空き家」の増加率が１・９５倍となっています。

非線引き区域では、立地を問わず、たまたま売り出された農地などに新築住宅が建てられることもあり、空き家の利活用や空き家の解体へは向かわず、空き家の増加を助長していると言えます。

なぜ、非線引き区域が存在するのか？

では、なぜ、非線引き区域という不思議な区域が存在しているのでしょうか？

今の都市計画法は、高度経済成長期真っ只中の1968年に制定されました。当時は、三大都市圏を中心に線引き制度が義務づけられましたが、地方都市の多くでは、いずれ全ての都市計画区域で線引きを行う予定としつつも、当面は線引きを導入しないとする暫定的な措置がとられました。そのため、当時は、いまだ線引きをしないということで「未線引き区域」とも言われていました。

この理由は、線引き制度が大都市の人口急増対策を主な目的として導入されたもので、当時、人口が少なく人口密度が低い多くの地方都市では、急激な市街化の進行が見込まれないとされていたためです。こうして、いずれ線引きを検討するとした未線引き区域という存在が時代とともに常態化していったのです。

2000年に都市計画法が改正され、三大都市圏・指定都市を除いて、都道府県が都市化の動向を勘案して、線引きするかどうかを選択できることになりました。そのため、線引きをまだしない「未線引き区域」から、線引きをもうしない「非線引き区域」と言われるようになりました。こうした経緯を経て、非線引き区域が日本の総面積の約13％（2

014年3月末）も存在することとなったのです。

1968年当時には確かに、地方都市の非線引き区域とされているようなところは、開発需要も少ない農地エリアで、急激な市街化の進行が見込まれなかったような場所でした。しかし、時代とともに地方では1人1台以上自家用車を持つようになり、バイパスや橋、高速道路の整備が進展したこともあり、買い物、通勤、通院など自家用車の利用を大前提とした広域生活圏が形成されていきました。そのため、国道沿いにロードサイド型店舗が建ち並ぶように、住宅も工場も病院も立地の制約がなくなっていったのです。

ところが、私たちのライフスタイルや社会経済が大きく変化しているにもかかわらず、現行の都市計画法は、1968年に制定された当時の枠組みを引きずったまま、抜本的に見直されていません。そのため、農地関係等の他の法令が許せば、まちのどこでも住宅がつくり続けられることを止められないわけです。

また、2000年に都市計画法が改正され、都道府県が線引きするかしないかを選択できるようになったことで、線引きの廃止という一種の規制緩和を行う都道府県も出てくるようになりました。たとえば、香川県では2004年、市街化調整区域の過疎化への危機感や、都市計画区域を飛び越えて都市計画区域外にまで開発需要が流出するといった問題から、線引きを廃止して、全ての都市計画区域が非線引き区域になりました。

その結果、高松市では、線引きが廃止されて以降、用途地域が指定されていたまちなか（旧市街化区域）ではない郊外での新築住宅の開発が著しく増加し、都心地域の人口減少とともに、農地等が虫食い状に宅地化しながら市街地の低密化が進行しました(3)。こうした現象は、非線引き区域になると、居住地が広く薄く拡大してしまうということを実証していると言えます。

そして、今後は、人口を増やしたいがために、どこでもよいから住宅を建ててくださいというのではなく、将来世代に残せるまちの中へと開発需要を誘導することが大事であることを示しています。

要するに、**住宅過剰社会においては、「開発規制の緩さ」が必要なのではなく、まちのまとまりを形成・維持できるような「立地誘導」こそが、必要不可欠なのです。**

3・都市計画の規制緩和合戦による人口の奪い合い

人口増加を目指す前橋市周辺の町村

日経ＢＰインフラ総合研究所による人口総合ランキング（２００５～２０１０年の国勢調査

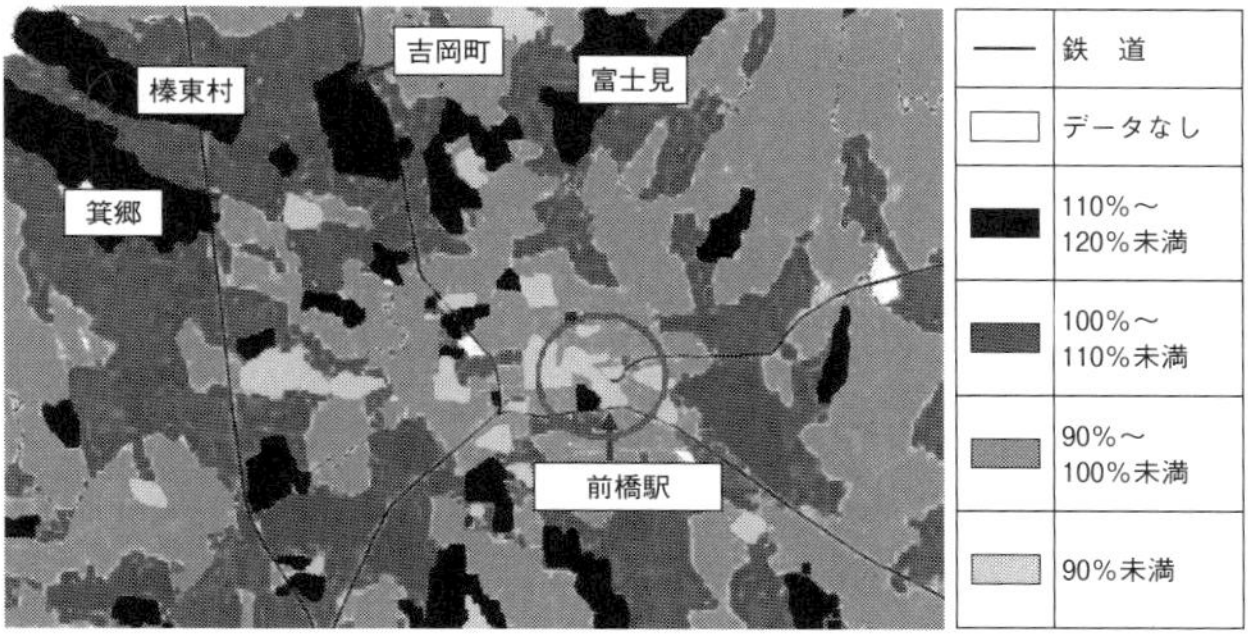

図表 3-6　群馬県の人口増減地点図（2000・2005年度国勢調査より作成）
（群馬県「ぐんま“まちづくり”ビジョン」〔2012年9月〕より）

に基づく人口増加率）によると、全国第5位が富山県舟橋村、第6位が石川県川北町、第9位が群馬県吉岡町となっています。いずれも、中核的な市に隣接した小さな町村で、都市計画で見ると、土地利用の規制がないに等しい非線引き区域となっています。

人口が増加して勝ち組になることは、その市町村にとって大きなメリットであり、市町村は人口増加を目指そうと、開発志向を宿命づけられがちです。

しかし、非線引き区域という存在は、用途の混在や住宅のバラ建ちといった1つの自治体だけの問題ではなくなってきています。実は、非線引き区域が、近隣の市町村の開発需要や人口に影響を与えている場合が多いのです。

たとえば、前橋市は、2004年をピークに減少に転じており、主に中心部において人口が減少している一方で、隣接する吉岡町、榛東《しんとう》村、旧富士見村

（２００９年、前橋市に合併）、旧箕《み》郷《さと》町（２００６年、高崎市に合併）では人口が増加している場所が多くなっていることがわかります。

この理由は、これらの吉岡町、榛東村、旧富士見村、旧箕郷町はすべて、開発規制の緩い非線引き区域となっていることが影響しています。つまり、これまで税金で一生懸命に整備してきた既存のまちから、地価が安く、開発規制が緩い郊外の非線引き区域へと、人口や開発需要がどんどん流出しているのです。

規制緩和合戦という悪循環

群馬県吉岡町は、バイパスや上毛《じょうもう》大橋が開通したり、ＥＴＣ専用のスマートインターチェンジの新設などによって、周辺の市町村、特に前橋市へのアクセスが飛躍的に向上しました。その結果、都市計画法上、開発の規制がないに等しい非線引き区域の吉岡町では、宅地開発や大型商業施設等の開発が活発に行われており、吉岡町と前橋市との間で、開発需要や人口の奪い合いとなっています。吉岡町は現在も人口が増加し続け、小学校の教室が足りずに、増築を行っています。

こうした状況に危機感を抱いた隣接自治体の前橋市は、開発需要や人口の流出に歯止めをかけようと、第１章で述べたかつての川越市や羽生市と同じように、市街化調整区域の大幅な規制緩和を行うようになり、そのほとんどの区域で、農地関係などの他法令や開発許可の要件が許せば、宅地開発を可能としたのです。

しかし、こうした市街化調整区域の規制緩和は、川越市と同様に市内での移転によって、前橋市のまちなかの空き家の増加を助長してしまうという副作用も懸念されます。実際に、前橋市の空き家率（住宅・土地統計調査）を見ると、15・9％と全国平均13・5％よりも高く（2013年）、2003年から10年間の空き家増加率も1・47倍、その他空き家の増加率は1・92倍とここ10年で2倍近くに増加しています。

人口をとにかく増やしたい市町村は、必然的に自分たちだけの視点・論理で、開発規制を緩和する方向に流れる傾向にあります。その結果、隣の市町村同士で、限られた人口・開発需要の奪い合いが起こり、さらなる規制緩和を繰り返すといった悪循環極まりない「規制緩和合戦」が繰り広げられているのです。そしてその規制緩和合戦によって、近隣同士でお互いに人口の低密化を進行させながら、居住地の面積は拡大するという、非効率なまちへと作り替えられているのです。

地方分権化の副作用

では、こうした規制緩和合戦の状況をどうすればよいのでしょうか？

もっと広域的な立場の国や都道府県から、都市計画の規制を強化したり、見直したりしていけばよいと思われる方も多いでしょう。具体的には、非線引き区域を線引き区域に変更したり、過度な都市計画の規制緩和を抑制するといったことが考えられます。

しかし、実はこうした広域的な都市計画を行うことが難しくなっているのです。

それには、地方分権化の流れの中で、都市計画に関わる権限のほとんどが都道府県から市町村へ委譲されたことが関係しています。

2000年、地方分権一括法が施行されて以降、中央集権型の行政システムから、地方の自主性や自立性が十分に発揮される地方分権型へと転換を図り、住民に身近な行政は、できるだけ住民に近い自治体が決められるように、地方分権改革が行われてきました。

こうした地方分権化の流れの中で、都市計画に関連するほとんどの権限が、都道府県から市町村に委譲され、都市計画分野は「地方分権の優等生」とも言われるようになりました。開発許可の権限を、知事から小さな市町村の長にまで大幅に委譲している都道府県も見られます。そして、都道府県は、市町村の区域を超える広域的・根幹的な都市計画に限って権限を持つこととなりました。

つまり、現在の都市計画行政は、各市町村の首長の方針や、市町村職員の専門的な意識・能力に大きく左右されることとなったのです。

たとえば、線引きの変更を行う権限は都道府県が持っていますが、基本的には、市町村の意向を無視して、非線引き区域を強引に線引き区域へ変更することは難しいのです。

非線引き区域を持つ多くの市町村では、建物用途の混在や住宅のバラ建ちに対する問題意識は持っているものの、隣接する市町村の人口をどんどん引き抜いてでも、自分のまちの人口を増加させることが大きな目標となっています。そのため、非線引き区域という規制の緩い(政策的には楽でおいしい)状況からは、絶対に変更されたくないのです。

そして、農地等を転用して土地活用を行いたい土地所有者の思惑、どこでも何でも自由に建てたい不動産・建設業界の思惑、人口増加や産業誘致を進めたい開発志向の首長や議員等の政治的思惑など、様々な思惑が絡んでいるため、残念ながら、長期的な視点にたって、都市計画が実効性ある形で見直されることはほとんどありません。そして、すでに広く薄くだらだらと居住地が広がってしまったまちのどこに、居住地のまとまりをつくっていくかという「線を引き直す」こと自体も難しくなってきています。

勝ち組を目指した市町村の論理

市街化調整区域の規制緩和に関する条例の制定権についても、政令市・中核市といった大きな自治体が持っているだけでなく、都道府県が独自に権限委譲をした市町村も持っています。そのため、市町村にとって都道府県の意向を無視できない「暗黙のルール」のようなものは根強く残っているものの、市町村が設定する規制緩和の区域が過度に広く設定されていたり、要件が緩すぎる場合でも、都道府県から市町村に対して、真正面から強く是正を求めにくい状況になってきています。

第1章で述べた都市計画の規制緩和を行うことは、土地活用の自由度を上げたい人たちからの支持を得やすく選挙の票につながりやすいのですが、第2章で述べた公共施設の再生・再編問題と同じように、都市計画の規制強化というのは、票につながらないことが多いのです。そのため、各市町村の首長も、議員も、市町村の担当課も、あえて都市計画の規制強化へと見直そうという方向には動かない（動けない）と言えるでしょう。

要するに、人口増加で勝ち組を目指した市町村ごとの論理だけで、開発の規制緩和合戦が繰り広げられ、規制の緩いほうへと人口や開発需要が流れた結果、土地利用コントロールという本来の都市計画の重要な責務に実直に取り組む市町村が、人口や開発需要を奪われて損をしているのです。

これはなんとも理不尽な状況ではないでしょうか。

もちろん、市町村による規制緩和が全て悪いというわけではありません。また、市町村の中には、独自でまちづくり条例を策定し、長期的な視点から、真摯に都市計画を行っているところもあります。全国で画一的な基準ではなく、各市町村の自主性や自立性が十分に発揮された、それぞれの特徴を生かした都市計画はとても重要です。

ただ、近隣市町村間での人口・開発需要の奪い合いを防ぎ、真摯に都市計画に取り組む市町村が損をしないように、各市町村が、最低限同じルールのもとで、極めて限定的に規制緩和を行うような都市計画の新たな（本来あるべき）枠組みが必要になっているのです。

4・住宅の立地は問わない住宅政策

住生活基本計画から見る

これまで見てきたように、日本の都市計画による規制は、諸外国に比べてかなり緩く、特に、住宅の立地を誘導する機能というものが備わっていません。そのため、住宅の立地を実効性のある形で誘導していくためには、都市計画と住宅政策を連携させた手法で取り組んでいくことが極めて重要となっています。

では、現在、住宅政策としては、どのようなことが取り組まれているのでしょうか？

第２章でも触れましたが、２０１６年３月、今後10年間の住宅政策の指針となる新たな

「住生活基本計画（全国計画）」（計画期間は２０１６〜２０２５年度）が閣議決定されました。「住生活基本計画」の基本的な方針の一つには、少子高齢化・人口減少社会を正面から受け止め、「既存住宅の流通と空き家の利活用を促進し、住宅ストック活用型市場への転換を加速」、「若年・子育て世帯や高齢者が安心して暮らすことができる住生活の実現」が掲げられています。

こうした方針のもと、良質で安全な新築住宅の供給を目指して、新築住宅における認定長期優良住宅（後述）の割合を11・３％（２０１４年）→20％（２０２５年）とすること、高齢者人口に対する高齢者向け住宅の割合を２・１％（２０１４年）→４％（２０２５年）とすることなどが成果指標として掲げられました。

これらを達成するために、住宅政策として、税制上の優遇措置や建設費の補助・融資など様々なバックアップが行われることとなります。特に、新築の住宅への支援としては、長期にわたる良質な住宅ストックの形成や、不足する高齢者向けの賃貸住宅の増加を目指し、税制の優遇措置や住宅ローン減税といった様々な支援施策が取り組まれています。

ストック社会への転換を目指した長期優良住宅

さて長期優良住宅とは、住宅を長期にわたり使用することにより、住宅の解体や除却に伴う廃棄物の排出を抑制し、環境への負荷の低減を図りながら、建て替え費用の削減によって住宅に対する負担を軽減し、良質な住宅ストックを将来世代に継承することを目的にしたもので、長期優良住宅として認定されると、減税等の優遇措置などが得られます。

そもそも、標準的な住宅の耐用年数は、イギリスが約77年、アメリカが約55年なのに比べて、日本は約30年程度と極めて短くなっています。そこで、「つくっては壊す」から、「いいものをつくってきちんと手入れして長く大切に使う」というストック社会への転換を目指して、2009年6月、「長期優良住宅の普及の促進に関する法律」が施行されました。長期優良住宅の耐用年数は、75〜100年と言われており、一般の住宅よりも、長期にわたって使用できる構造とされ、住宅の寿命が長いという点が特徴です。

長期優良住宅に認定される要件としては、建物の基本構造部の耐久性が高いというだけでなく、配管などの設備の補修や更新がしやすいこと、間取りの変更がしやすいこと、定期的な点検や補修等に関する維持管理の計画が策定されていることなどがあります。

長期優良住宅に認定されると、住宅ローン減税が一般住宅に比べて拡充されたり、性能強化費用に相当する金額（上限あり）の10％を所得税額から特別控除できるようになります。また、登録免許税・不動産取得税も優遇され、固定資産税の減免措置も一般住宅より2年間延長され、一戸建てで5年間、マンションで7年間となります。住宅ローンの金利についても、住宅金融支援機構のフラット35Sの引き下げなどの優遇措置があります。
長期優良住宅の認定実績は、累計で一戸建て住宅は67・9万戸、共同住宅等は1・7万戸の計69・6万戸に上っています。
「いいものをつくってきちんと手入れして長く大切に使う」というストック社会への転換を、という政策はとても重要です。ですが、こうした「100年保つ」と言われる長期優良住宅が建つ立地が問われず、一律的に取り扱われ、税制・金融面でも優遇されていることが問題なのです。長期優良住宅は、都市計画法等の開発の規制が許せば、日本全国どこに建てられても、一般の新築住宅に比べて住宅ローン減税をはじめとする様々な税の優遇措置が得られることとなっているのです。

都市計画の研究者である樋口秀氏らが、長岡市（新潟県）で新築された長期優良住宅の立地を調査した結果(4)によると、全体の約4割が市街化調整区域や合併前の旧町村の区域などの農地・山村エリアに立地し、市街化区域内であっても、その約3割が、人口密度が低く、店舗や学校からの距離が遠く、道路整備が進んでいない場所に立地しています。

加えて樋口氏らは、本来の住宅政策として、長期優良住宅を社会全体としての優良な住宅ストックとするためには、立地場所も含めた再検討が必要であること、長期優良住宅には単体としてのストック以上に、低炭素社会への配慮が必要であるため、その立地は将来の生活環境をも考慮しなければならないことを鋭く指摘しています。

危険な立地の長期優良住宅

実際に、新築物件の検索サイトで長期優良住宅を検索してみると、全国各地で様々な立地の物件がでてきます。

愛知県内で販売されていたある長期優良住宅は、河川のすぐ脇の田園エリアの一部に建っています。最寄り駅から徒歩圏外で、バス停から徒歩16分、徒歩圏内にコンビニなどの店舗はなく、自家用車がないと生活が難しい立地に建てられています。そのためか、この住宅には駐車場が4台分も確保されています。

一般的に、河川沿いの低地は水害時の浸水深が大きくなり、注意が必要と言われていますが、この住宅がある市町村の洪水ハザードマップを見ると、この敷地に隣接した河川が氾濫した場合、1～2mと1階の軒下まで浸水すると想定されています。また、この敷地の周辺エリアは、2～5mと2階の軒下まで浸水することが想定されています。

ハザードマップは、「150年に1回程度の大雨によって河川が氾濫した場合」という想定ですので、その頻度をどう考えるかは人それぞれでしょう。

しかし、こうしたハザードマップは、堤防が決壊したり、あふれたりして生ずる外水氾濫を想定したものが多く、近年、急増しているゲリラ豪雨による道路や建物が浸水してしまう内水氾濫の危険性は考慮されていないことが多いのです。実際、この事例の市町村のホームページ上には内水ハザードマップは見当たりませんでした。

一般的に河川沿いなどに広がる農地は、もともと河道《かどう》であったり、大雨時に雨水が滞留して遊水池として周辺の浸水を防ぐ役割を果たしてきました。しかし、こうした内水氾濫の危険が大きい低湿地は、地価が比較的安いといったことで、宅地開発が行われることもあり、水害の危険性があることを知らずに居住地として選択され、長期優良住宅が建てられる場合があるのです。

また、静岡県内で販売されていたある長期優良住宅は、最寄り駅から徒歩約30分の高台の別荘地に建ち、自家用車がないと生活が難しい立地にあります。そのためか、この住宅にも、駐車場が3台分確保されています。この長期優良住宅に永住する場合には、税金等の優遇措置が得られることとなります。実際にリタイアしたら、こうした別荘地にのんびり永住して田舎暮らしをしようと、購入を考えている方もいるでしょう。

しかし、この敷地に隣接した区域には、土砂災害特別警戒区域（土石流）や土砂災害警戒区域（急傾斜地の崩壊）が指定され、静岡県の土砂災害危険箇所マップでも急傾斜地崩壊危険箇所・地すべり危険箇所といった区域が指定されています。また、この敷地は、宅地造成によるがけ崩れや、土砂の流出等の災害を防止するために必要な規制が定められた宅地造成工事規制区域にも指定されています。

これら二つの事例から、浸水や土砂災害といった災害の危険性が懸念されるような立地でも、75～100年保つと言われる長期優良住宅がつくり続けられていることがわかります。そして、これらは、将来にわたって、災害リスクのある場所に存在し続けていくこととなるのです。

また、長期優良住宅の目的の中には、「環境負荷の低減」が掲げられていますが、自家用車がないと生活ができない立地や、駐車場を3台も4台も設けるような住宅そのものが、果たして「環境負荷の低減」に寄与しているかも疑問が残ります。そして、建てられる立地とは関係なく、住宅ローン減税や固定資産税等の各種税金について、一般住宅よりも公的に手厚く優遇されていることに違和感を覚えざるを得ません。

住み続けられる高齢者向け賃貸住宅「サ高住」

日本では高齢者人口の多さへの対応が求められていますが、特に、高齢者単身・夫婦世帯が急激に増加しており、今後、高齢者が単身でも安心して住み続けられる住まいの確保が重要になっています。

しかし、高齢者は孤独死や認知症による近隣トラブルなどの問題が懸念されるということで、一般的な賃貸住宅は高齢者を拒む傾向にあります。

そこで2011年4月、「高齢者の居住の安定確保に関する法律（高齢者住まい法）」が改定され、これを受けて国は「サービス付き高齢者向け住宅（以下、サ高住）」への取り組みをスタートさせました。住宅政策として、サ高住の建設に際して、税制上の優遇措置や建設費の補助・融資など様々なバックアップが行われています。また、前述した「住生活基本計画（全国計画）」でも、高齢者向け住宅の増加を目指すことが盛り込まれています。

「サ高住」とは、高齢者が安心して生活できる住まいづくりを推進するために創設されたもので、居室の広さや設備、バリアフリーといったハード面の条件を整えるとともに、ケアの専門家による安否確認や生活相談サービスを提供する高齢者向けの賃貸住宅です。入浴・排泄・食事等の介護、健康管理などのサービスは別途、入居者の希望により有料にて提供されますが、その提供内容・状況はサ高住の事業者によって千差万別です。

一般的には民間事業者等によって運営され、自治体に認可・登録を受けることが可能となっており、主として、自立あるいは軽度の要介護状態の高齢者を受け入れる住宅とされています。入居者にとっては自宅と同じように自由な生活を継続することができたり、住み慣れた環境で必要なサービスを受けながら暮らし続けられるメリットがあります。

こうしたサ高住の建設・改修費に対して国は、民間事業者・医療法人・社会福祉法人・NPO等への直接補助、新築または取得した場合の所得税・法人税・固定資産税・不動産取得税の優遇措置、サ高住の建設・改良向けの賃貸住宅融資などの支援を行っています。こうした公的な支援もあり、介護・医療系の事業者、不動産・建設に関連する事業者などが参入しており、サ高住の登録は急速に増加しています（2016年7月末時点でのサ高住の登録状況は、全国で6248棟、20・4万戸）。

不便な立地に「サ高住」

そんなサ高住についても、立地が問題になっています。サ高住は、地価の安さも手伝って、鉄道やバスといった交通機関や医療機関へのアクセスが悪い郊外にも建てられ、高齢者のニーズが高い利便性のよい地域では、サ高住の整備が進んでいないという問題が指摘されています。国土交通省の資料によれば、地価が安いほど、高齢者人口に対するサ高住の供給が多い傾向にあることが指摘されています(5)。

この背景には、やはり都市計画による開発の規制が甘いことがあるのです。またサ高住は、基本的に民間事業者が高齢者向けの賃貸住宅として建設・運営するものであり、民間の市場原理に委ねられているため、「建てやすいところに建てる」という構造となっているのです。

たとえば、茨城県内のとあるサ高住では、周辺には農地、農家住宅、樹林地が多い市街化調整区域に孤立して建っています。徒歩圏内にコンビニもなく、鉄道やバス等の公共交通の利便性が悪く、自家用車がないと生活するのが難しい立地です。各住戸の専用部分は18㎡程度で、風呂・台所は共同の高齢者向け賃貸住宅です。

こうした立地にあるサ高住に高齢者が入居しても、周辺に生活利便施設など何もないために、引きこもりがちになることが懸念されます。

サ高住は、自宅と同じように住み慣れた環境で必要なサービスを受けながら、高齢者が自由に自立して暮らし続ける、という方針のもとに創設された賃貸住宅です。そのため、コンビニやスーパー、病院や介護機関等の施設といった周辺のまちとの関係が重要となり、高齢者が安心して住み続けられる立地を重視すべき住宅です。

しかし現状では、立地とは関係なく、サ高住としての要件を満たせば、様々な税制の優遇措置や新築にかかる建設費の10分の1（1戸当たり100万円が上限）を国が直接補助するなど、サ高住の建設に多額の税金が投入されているのです。

さらに、近年、農地等の土地活用の新たなビジネスモデルとして、30年一括借り上げ（サブリース）対応のサ高住を取り扱う不動産会社やハウスメーカーが登場しています。第

1章で述べた羽生市の賃貸住宅の供給過剰問題と同じように、サ高住の戸数増加という国の施策を背景に、地域住民のための住まいの供給という本来の目的ではなく、郊外の農地等の相続税対策や土地活用といった目的で、サ高住が乱立することも懸念されるのです。

こうした様々な立地の問題が指摘されている中で、国土交通省では、サ高住については、郊外など交通の利便性の低い地域への供給はサービス機能が低下するおそれがあるとし、地域に即した供給方針の策定や立地の適正を図るためのマニュアルを整備し、市町村に計画策定を促す方針を決めました。住宅政策の中に住宅の立地の誘導という観点がようやく盛り込まれ始めたと言えます。

これまで、長期優良住宅もサ高住も、建てられる立地は関係なく、要件を満たせば、一律的に手厚い公的支援が受けられる仕組みとなっていました。

しかし、災害の危険性が想定される立地や、自家用車に頼らないと暮らせないような立地に新築される長期優良住宅やサ高住については、少なくとも、税制上の優遇措置や建設費の助成を行わないようにするなど、立地によるメリハリをつけるべきなのです。

5・住宅過剰社会とコンパクトシティ

スプロール現象との戦い

日本は、1960年代以降の急速な経済成長や産業構造の転換に伴って、人口や産業が、地方から大都市へ集中し、怒濤《どとう》のように都市化の波が押し寄せた時代がありました。

当時、大都市では、住宅難、通勤難、交通難、公害、乱開発など、様々な都市問題を抱えることとなり、こうした都市問題への対応は、政府にとって最重要施策の一つでした。そこで、交通インフラを整備・拡大し、住宅難に対応するためにニュータウンを整備し、市街地内の公害防止や急増する工場用地の需要に対応するために工場団地を整備するなど、計画的に都市整備が進められてきたのです。

しかし、あまりにも激しい開発需要に追いつかず、大都市郊外の農地や山林が虫食い的に宅地化され、大都市郊外部に居住地が無秩序に拡大していき、住宅地として備えるべき最低限の排水施設・道路・公園等が十分に整備されないまま、「不良な」市街地が形成されました。そのため、自治体は、後追い的に道路や下水道の整備を行うなど、非効率的な公共投資を余儀なくされてしまったのです。

都市計画分野では、市街地が無秩序・無計画に拡大する現象のことを「スプロール現象」と言いますが、高度経済成長期の都市計画は、まさにこのスプロール現象との戦いでした。

大都市郊外部のスプロールの弊害に対応し、市民が健康で文化的な生活や活動が行えるよう、土地利用に適正な制限を課したり、都市に必要な施設の整備を進めるため、1968年、都市計画法が制定され、線引き制度と開発許可制度が新たに導入されました。

線引き制度とはすでに述べたとおり、都市計画区域の中で、開発を誘導・促進する市街化区域と、原則として開発を抑制、あるいは将来的な市街化区域になる予定地としての市街化調整区域に2区分する制度です。

また、開発許可制度は、市街化区域では、一定規模以上の開発行為に対して、道路や排水等に関する技術基準を満たす場合に開発を許可し、市街化調整区域では、原則として開発は認められませんが、立地基準を満たした場合には開発を許可するというものです。

このように、都市計画法とはもともと、郊外の農地エリアは市街化を抑制し、限りある予算の中で、計画的に市街地を整備・改善することで、旺盛な開発需要を市街化区域に誘導しようとする、「コンパクトシティ」を目指すものだったのです。

コンパクトシティとは、郊外へのスプロールを抑制し、公共施設や病院などの都市機能や居住機能を中心拠点や生活拠点に集約させることによって、中心市街地の活性化、公共公益サービスの効率化、財政支出の縮減などを目指したまちのことです。ここで目指されている典型的なまちの姿は、公共交通を軸に、拠点となる駅やバス停から徒歩圏に住宅、商店、公共施設等が集約したものです。

近年、人口減少が進み、厳しい財政制約の下で、公共投資や行政サービスを効率的に行う必要性が高まったことを背景に、コンパクトシティの考え方が都市計画の主流となっていますが、実のところ、日本でもずっと前から目指されていた概念でした。

都市計画は骨抜き化の一途を辿った

しかし、時代とともに、コンパクトシティを目指していたはずの都市計画法制度は、農地や倉庫・工場跡地等の低・未利用地で何とか土地活用を行いたい土地所有者の思惑、開発・建設を行いたいデベロッパーや住宅・建設業者等の思惑、経済対策・人口増加を掲げる首長や議員等の政治的思惑により、とにかく都市計画の規制が悪いと標的にされ、コンパクトシティの趣旨とはかけ離れた方向へと骨抜きにされていきました。

その結果、交通インフラも脆弱《ぜいじゃく》で居住地としての基盤が整っていないエリアでの規制緩和が常態化し、税金が費やされる居住地の総量も増え続け、いまだに新たな公共投資を必要とする事態から脱却できていないのです。

２０００年の都市計画法改正では、前述したように市街化調整区域の開発許可制度が大幅に規制緩和され、都道府県から開発許可権限を委譲された市町村が条例で指定した区域内であれば、開発が許容されることとなりました。そして、開発を促進して人口を増加したい首長や議員等によって、農地関係等の他の法令が許せば、ほぼどこでも住宅が建てられるようにするという過度な規制緩和が行われるようになりました。

特に小泉政権になったあたりから（２００１年〜）、「都市再生」をキーワードに民間主導の開発を進めることで、低迷する経済の活性化を図ろうという政策が本格化し、大都市部を中心に、都市計画の大幅な規制緩和が加速化していきました。その結果、バブル以降、塩漬けになっていた敷地などで再開発が進み、オフィス・商業・住宅などの多様な用途が複合した質の高い市街地の環境へと再生したエリアも多数出現しました。

しかし、一部の区域では、局所的な規制緩和によって、交通や生活インフラが脆弱なまま、狭い区域で超高層マンションのバラ建ちが進みました。

大都市部も郊外部・地方都市も、これまで税金を投入して整備してきたにもかかわらず、空洞化する既成住宅地に対して見て見ぬふりのまま、都市計画の過度な規制緩和によって、さらなるスプロール現象を引き起こしたのです。すなわち、都市計画は高度経済成長期から何ら変わることなく、居住地としての基盤が整っていないエリアに、後追い的に公共投資が必要となる事態を引き起こし続けているのです。

それでも見直されない都市計画

都市計画が、時代とともに、骨抜き化されたことだけが問題なのではありません。自家用車での移動が一般化している地方都市では、交通網整備の進展といった社会基盤の変化やライフスタイルの変化にきちんと対応しながら、都市計画規制の枠組みを見直すことが全くなされていないという問題があります。

たとえば、前述した群馬県みどり市や吉岡町のように、不便な農村エリアで開発需要も少ないからということで非線引き区域にされていたところが、隣接・近接した中心都市との交通アクセスが良くなったために、中心都市の外側に広がる地価が安い非線引き区域に住宅の開発需要が流れ、これまで公共投資をしてつくってきたまちや老いた住宅が使い捨てられるという、非効率で悪循環の現象がとまらない状況を引き起こしています。

これまで、住宅の供給過剰という問題に対しては、世間一般にはデベロッパーや国の住宅政策がやり玉にあがることが多いですが、実は住宅政策と都市計画が連携できていないこと、そして、そのベースにある各市町村の都市計画の甘さも大きく影響していることがわかっていただけたかと思います。

　ところで近年、日本では、高齢者や子育て世代にとって、安心して快適に暮らせる生活環境を実現すること、財政面や経済面において、将来にわたり持続可能な都市経営を可能とすることが大きな課題として捉えられるようになり、コンパクトシティの考え方が都市計画の主流となっています。実際に、約半数の市町村が都市計画マスタープラン*2として、コンパクトシティや集約型都市構造化の考え方を採用しています。

　しかし実際には、あくまで「スローガン」として掲げているだけの市町村が多く、市役所や病院などの公共公益施設を郊外に移転させたり、開発許可の過度な規制緩和によって郊外に居住地を無秩序に拡大させるなど、コンパクトシティとは明らかに逆行した動きが散見されるのです。

立地適正化計画の誕生

　こうした中、ようやく国は、住宅、病院・福祉施設、商業施設等がまとまって立地し、高齢者をはじめとする住民が、自家用車に過度に頼ることなく、公共交通によってこれらの施設にアクセスできるまちづくりをめざし、「コンパクト＋ネットワーク」の形成を推進するための新たな制度として、２０１４年8月、都市再生特別措置法を改正し、「立地適正化計画」という制度を誕生させました。

「立地適正化計画制度」とは、都市計画法を中心とした従来の土地利用の計画に加えて、公共交通によるネットワークとの連携を重視しながら、住宅、病院・福祉施設、商業施設等の立地を誘導するための制度です。立地適正化計画を策定する市町村には、国が積極的に税制の優遇措置や補助金等の支援の拡充を行うこととされています。

立地適正化計画制度の創設を受け、全国289の市町村(6)で、立地適正化計画の作成について具体的な検討が行われています(2016年7月末時点)。

前述してきたとおり、都市計画の仕組みの中には、そもそも住宅の新規立地を誘導する機能がありませんでした。骨抜き化の一途を辿ってきた都市計画の歴史から見ると、立地適正化計画という制度の創設は、制度内容や運用上、様々な課題やハードルはあるものの、住宅や都市に必要な施設(大規模商業施設や病院など)の「立地を誘導しよう」という観点が盛り込まれたのは特筆すべきだと言えます。

つまり、これまで地価が安く規制が緩い郊外部に向いていた住宅の開発が、将来にわたり居住を誘導すべき区域の未利用地や空き家のある土地へと向かう可能性を生み出したと見ることができるのです。

立地適正化計画制度では、都市計画区域の中の市街化区域と非線引き区域が対象とされ、市町村が「都市機能誘導区域」・「居住誘導区域」などを定めることになっています。

「都市機能誘導区域」は、医療・福祉・商業等の都市機能を都市の中心拠点や生活拠点に誘導し集約することで、これらの各種サービスの効率的な提供を図ろうとする区域です。

また「居住誘導区域」は、人口減少の中にあっても一定エリアにおいて人口密度を維持することで、生活サービスやコミュニティが持続的に確保されるように居住を誘導すべき区域です。たとえば、熊本市では、公共交通からの徒歩圏を中心に、市街化区域内に居住誘導区域が設定されています。花巻市では、崖地など災害の危険性の高い区域を除外して、用途地域を指定した区域を中心に居住誘導区域が設定されています。

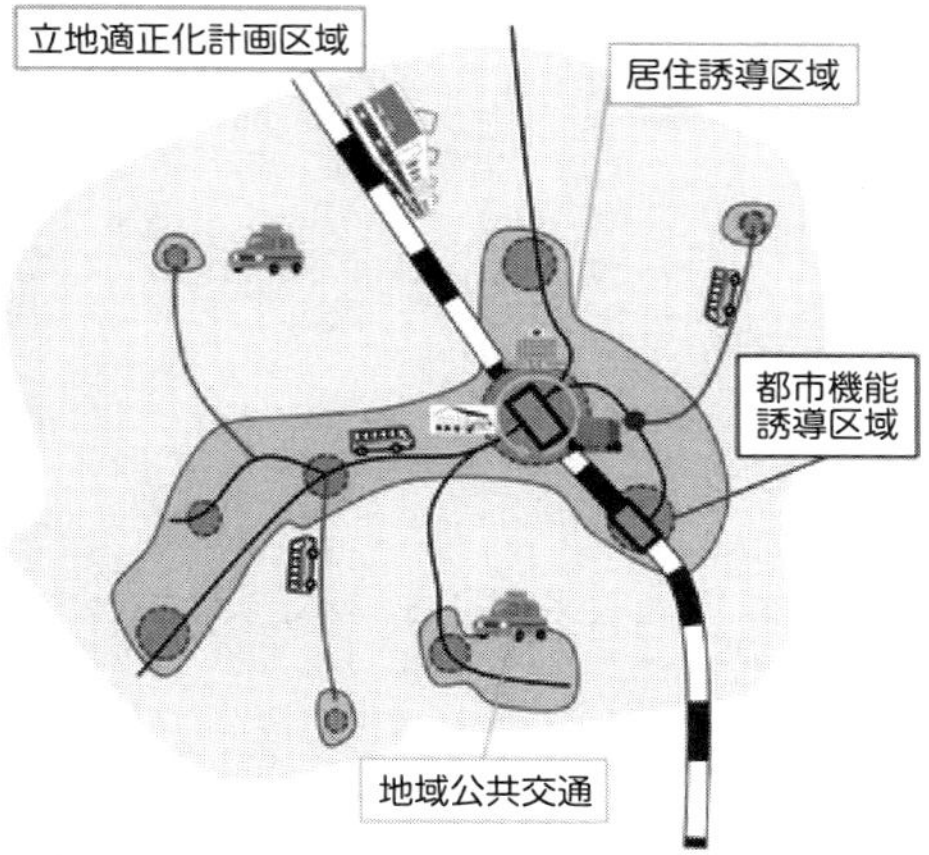

図表 3-7　立地適正化計画のイメージ
（国土交通省「都市再生特別措置法」に基づく立地適正化計画概要パンフレット〔平成 26 年 8 月 1 日時点版〕）

居住誘導区域から外れた区域はどうなる？

では、居住誘導区域から外れた区域（居住誘導区域外）では、新しく住宅を建てられず、移住しなくてはいけなくなってしまうのでしょうか？

この点は、市民の方から誤解されやすいのですが、たとえ居住誘導区域から外れた区域でも、すでにある住宅が移転しなくてはいけなくなるわけではありません。また、自己用の住宅や二世帯住宅を建て替えたり、引っ越しをしてきて個々に新築する場合には、立地適正化計画に基づく事前届出も必要なく、建てることができます。立地適正化計画では、居住誘導区域外で一定規模以上（たとえば3戸以上）の新たな住宅を建てる、つまり、デベロッパーなどによる新たな宅地開発に対して、事前届出が必要になるということなのです。もし、届け出された計画内容が、立地適正化計画に照らして好ましい行為ではない場合は、市町村から是正等の勧告が行われることとなります。そのため、今後、居住誘導区域から外れた区域のまちづくりをどうしていくのかは最重要課題です。

このように、立地適正化計画制度は、新たな宅地開発を禁止するという規制的な手法ではなく、事前届出・勧告という仕組みを導入することで、長い時間をかけて、居住誘導区域に新築住宅の立地を誘導することを目指した制度となっています。

棚上げされる規制緩和の見直し

立地適正化計画の策定が多くの市町村で取り組まれるようになった中で、悩ましい課題がいろいろ見えてきました。それは、市街化調整区域の取り扱いです。市街化調整区域は、都市計画法上は市街化を抑制すべき区域という「建て前」であることを背景に、立地適正化計画では対象外、つまり自動的に居住誘導区域外となっているのです。

前述したように、市街化調整区域の規制緩和を行ったり、近隣市町村との人口の奪い合いのための規制緩和合戦が繰り広げられるほど、市街化区域よりも、地価が安く農地等の開発余地がある市街化調整区域のほうに開発意欲がシフトしているところがあります。

そのため、市町村が市街化調整区域の規制緩和を存続させたままだと、市街化区域から市街化調整区域のほうに開発意欲がシフトする状況を続けることになり、実質的に居住誘導することにはならないという危険性があります。

本来、立地適正化計画は、「コンパクト＋ネットワーク」の形成を推進するための制度であり、市街化区域に居住誘導区域を設定するのであれば、その方針に合わせて、市街化調整区域のほうも、規制緩和の区域面積を縮小したり、運用の厳格化を行うことが、施策の整合性をとるために当たり前に求められるはずです。

しかし残念ながら、立地適正化計画を検討中の市町村の中には、市街化区域に居住誘導区域の線を引くだけで、こうした市街化調整区域の規制緩和条例の見直しは「今後の課題」として棚上げしそうな気配が見え隠れするケースも実際に見られ、「何のためにわざわざ立地適正化計画に取り組むのか?」という疑問を持ってしまうほどです。

特に、前述したように都市計画税を払っている市街化区域内の住民の立場から見ると、市街化区域の中であっても、居住を誘導すべき区域ではない「居住誘導区域外」が設定されるのに、都市計画税を払っていない市街化調整区域のほうで、これまでと変わらず区域や基準が過大に設定された規制緩和が存続し、開発が許容されているのはおかしいと思うはずです。しかし、一般的な市民の方は、都市計画の基礎知識や関心が乏しいこともあり、こうした問題に声を上げる場合が少ないのが現状です。

では、なぜ市町村は、わざわざ立地適正化計画の策定に取り組んでいるのでしょうか?

それは、市町村が立地適正化計画を策定すると、様々な公共施設等の整備に対する補助金等の拡充措置といったメリットがあるからです。財政が厳しい市町村の中には、とにかく補助金を獲得したいということで、立地適正化計画の策定を検討している場合も多いのです(もちろん、人口減少社会を見据えて、長期的な観点から真剣に立地適正化計画の作成に向けた議論を重ねている市町村も見られます)。

現時点では、各市町村が立地適正化計画をどのように策定するか、また策定後にどのような運用を行っていくかは未知数で、試行錯誤が続いている真っ只中です。

立地適正化計画のような制度は、本来、都市計画法の基本的な枠組みを抜本的に見直すべきだったのに、都市再生特別措置法によって制度化されたこともあり、今の都市計画が抱える問題を根本的に解決するには実効性が弱い面があるのも事実です。

しかし、これまで見てきたように、都市計画も住宅政策も、新築住宅の立地誘導という機能が備わっていなかった中で、長期的な視点から、都市の将来像やその実現手法に関する議論や取り組みとして、「はじめの一歩」を踏み出したことは大きな転換点であり、チャンスと言えます。そして、これまであまり意識されてこなかった都市計画というものについて、自分たちの問題と考える「ムーブメント」として期待できます。

立地適正化計画の計画づくりやその後の運用の現場で、試行錯誤されるその先に、世界初の人口減少社会仕様の都市計画の枠組みに向けて、抜本的な見直しがあることを期待してしまうのは、私だけでしょうか。

第3章補注

＊1　防災集団移転促進事業。災害が発生した地域、または災害危険区域で住民の居住に適当でないと認められる区域

内の住宅について、集団での移転を促す事業のこと。市町村が対象区域を指定し、住民の合意が得られれば、集団移転促進事業計画を定め、移転先の住宅団地の建設を行う。住宅団地の用地取得や造成費用、移転者の住居の移転補助などのうち、国が3／4を市町村に補助する。

＊2　都市計画マスタープランとは、都市計画に関する基本的な方針を市町村が定めるものであり、各市町村が計画・実施する都市計画に関わる規制誘導や事業は、都市計画マスタープランに即すことが義務づけられている。

第3章引用文献

（1）国土地理院HPの平成28年熊本地震に関する情報の「UAVによる動画」

（2）経済産業省資源エネルギー庁SS過疎地対策協議会「SS過疎地対策ハンドブック」、2016年5月

（3）高松市コンパクト・エコシティ推進委員会第五回委員会資料（平成22年12月24日）

（4）樋口秀・中出文平・松川寿也「地方都市における長期優良住宅の立地実態とその課題に関する研究――長岡市をケーススタディとして」（日本都市計画学会都市計画論文集Vol.48 No.3、2013年10月）。2009年度から2年間に長岡市に新築された長期優良住宅430件を対象に調査を行っている。

（5）国土交通省サービス付き高齢者向け住宅の整備等のあり方に関する検討会第3回資料「サービス付き高齢者向け住宅等の立地状況とサービス提供等の状況との関係について」（平成27年1月22日）

（6）国土交通省HP立地適正化計画作成の取組状況（平成28年7月31日）

第4章

住宅過剰社会から脱却するための7つの方策

日本の病巣からの脱却

本書ではここまで、住宅の「量」の観点（第1章）、住宅や住環境の質としての「老い」の観点（第2章）、新築住宅の「立地」の観点（第3章）から、住宅過剰社会が抱える構造的な問題を明らかにしてきました。

人口・世帯数の減少、税収減、少子・超高齢化と高齢者福祉費の増大、働き手の不足、老いた住宅や空き家の急増、公共施設・インフラの再生・更新問題と、挙げたらキリがないほど様々な問題が山積する中で、いよいよ従来型の都市計画や住宅政策から本気で転換しなければいけない時期に突入していることがわかっていただけたかと思います。

日本は、空き家も老いた住宅も右肩上がりに増加し続けています。にもかかわらず、超高層マンションの林立や郊外・地方都市での新築住宅のバラ建ちは止まらず、住宅総量だけでなく、居住地総量が拡大し続けています。

この理由として、都市計画が、高度経済成長期から続く「増分主義」に根差した各種政策の「残像」を引きずったままの状態で、抜本的な方向転換を行うこともできないまま、思考停止状態となっていることを見てきました。

住宅がすでに供給過剰であるなら、新築住宅の総量を規制していくべきだという指摘をされる方も多いかと思います。しかし、総量規制については住宅産業等の経済への影響が大きいとして、業界団体等からの大反対も予想され、すぐに導入するのは明らかに難しいと私は考えています。というのも、バブル崩壊やリーマン・ショックといった経済的な危機が発生するたびに、経済対策の一環という面から国民の税金を投入して、住宅ローン減税を行ったり、固定資産税等の税制上の優遇措置を拡大するなど、新築住宅に対して積極的に支援をしてきたという長い歴史が日本にはあるからです。

住宅・建設産業は、様々な産業分野にまたがる裾野の広い産業で、経済波及効果が高いものとされています。そのため、住宅・建設産業の成長は経済・雇用への影響も大きく、日本全体の経済成長に資するという考え方が根強くあるのです。しかし、経済学者の深尾光洋氏によれば、「生産誘発係数の理論と投資乗数の理論〔産業連関表による生産誘発分析〕は、経済の資本設備や労働力に余裕があり、需要さえ拡大すれば物価が上昇しなくても供給拡大が行われる状況を前提としている」とされています(1)。

今後、労働力に余裕がなくなる中で、新築住宅による経済波及効果がどの程度あるのかをきちんと検証する必要があります。そして、空き家急増に伴う社会的費用の増加や居住地拡大に伴う非効率な税負担なども、総合的に検討する時期にきていると言えます。

これ以降、日本の病巣として抱えている「住宅過剰社会」から脱却するために、新築住宅の総量規制以外に、私たちが取り組むべき7つの方策を提案して、本書を締めくくりたいと思います。

方策① 自分たちのまちへの無関心・無意識をやめる

まず、市町村が、近視眼的な観点から過度な都市計画の緩和を行って人口を増やそうとするよりも、長期的な観点から、人口はある程度減少することを前提に、次世代に負担を残さない施策を行うことが最も重要です。本来、政治や都市計画の責務として重視されるべきなのは、国民の資産を守ること。しかし政治力学的には、土地活用の自由度を最大限に得て利益を得たいとする住宅・建設業界や地権者等の声が大きいこともあり、都市計画の過度な緩和をやめることができずにいるのです。

確かに、市民の方々にとって都市計画は身近ではなく、自分の土地が道路整備で買収されるといったような場面でなければ、あまり関係ないと思われているでしょう。

これまで見てきた都市計画の施策は、都市計画法で定められた手続きの中で、意見書や公聴会など、市民の意見を聞く機会が設けられています。しかし、残念ながら、広報などの仕方が悪い、内容が専門的でわからない、結果として関心が湧かないといったこともあり、市民からの反対の声がほとんどないことが多く、しばらく経って実際に問題が発生するようになった段階で声を上げても、「時すでに遅し」となる場合が多いのです。

都市計画の緩和は、いったん行ってしまうと、それをやめるためには、土地所有者や政治家、建設・不動産業界等から理解を得るのに多大な困難を要します。そのため、自治体の首長や議員からも、担当課職員からも、規制の強化は歓迎されません。

実際に、いろいろな自治体の担当課職員の方々からは、「個人的には都市計画の緩和をやめるべきだと思っているが、大きな方向転換は政治的に難しい」と、苦々しい（つらそうな）顔をしながら返答される場面にしばしば出会います。

私たちは、都市計画や住宅政策は行政がするものと考えがちですが、まちや住まいの維持管理などには関わりたくないからといって、無関心を決めこんだり、行政任せ・他人任せにしたりせず、首長や自治体の都市計画行政にきちんと目を向けることが必要不可欠です。そして、自分たちの住宅の資産価値や将来の税金等の負担増への影響が懸念される場合には、サイレント・マジョリティ（物言わぬ多数派）にならず、私たち一人一人が声を上げ、抑止力になることが重要です。

自分たちの住宅やまちでの暮らしが、長期的に見て、大幅に悪化せずに成り立ち、将来世代に負の遺産となる住宅やまちを押しつけてしまわないように、「権利」だけを主張するのではなく、まちや住まいの維持管理にかかわる「義務」があるという意識を持たなけ

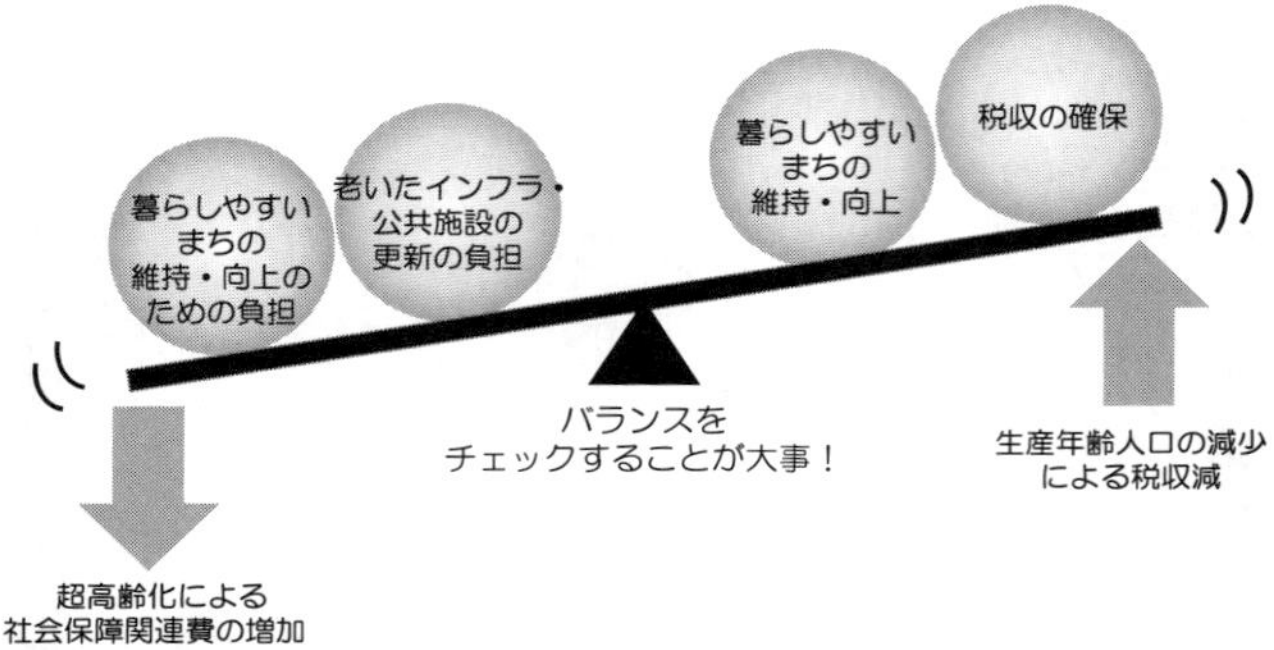

図表4-1　人口減少時代の都市計画を考えるための視点

ればいけないのです。将来世代に今よりももっと良質なまちを残そう！　というポジティブな視点から取り組むことが重要だと思います。

そのためには、図表4－1のような視点で、自分たちのまちで行われようとしている都市計画を捉えてみるとよいのではないでしょうか？

具体的には、まず、生産年齢人口の減少に伴う税収減があることをふまえながら、まちの暮らしやすさの維持・向上にどれだけ効果があるのか、そして、人口増・建物増による固定資産税等の税収入がどの程度確保できるのかという視点で考えます。

次に、超高齢化による社会保障関連の税負担が急増することをふまえながら、老いたインフラ・公共施設の更新やまちの暮らしやすさの維持・向上のために、どの程度、負担できるのかという視点で考えます。そして、この両者の「バランス」の中で、都市計画の妥当性や効果を判断していくのです。もちろん、この図に示された視点だけではなく、多様な視点がありますし、住むまちによっても視点が異なりますが、これ以上、住宅過剰社会を助長しないためには、都市計画を政治や行政任せにせず、私たち一人一人が、自分たちのまちについてこうした視点を当たり前のものとして持つことが重要だと思います。

方策② 住宅総量と居住地面積をこれ以上増やさない

今後、全国のどのまちも、大量の空き家と更新すべき老いた公共施設やインフラを抱え、社会保障関連費の増大が見込まれることもあり、税収を支える生産年齢人口が減少していく中で、後追い的に新たな公共投資を行う余力はほとんどありません。

現行の都市計画や建築の規制は、全国一律的視点で定められている面もあるため、各地域固有の実情に応じて柔軟に取り扱えるようにすることは決して悪いことではありません。しかし、あまりにも都市計画の緩和というものを柔軟に取り扱い過ぎている自治体もあるのが実態です。

そのため、せめて「規制緩和で生み出しうる新築住宅部分だけ」でも総量抑制を行うなど、過度な規制緩和を抑制する方向に、まずは舵を切ることが必要です。高度経済成長期以来の増分主義を引きずった古い枠組みからの脱却に向け、減分主義のはじめの一歩として、過度な規制緩和の見直しに着手するのです。

そもそも、これまでのような規制緩和を行わなくても、現行の都市計画や建築基準法の基準そのものが緩いので、相当数の住宅は建設できます。ですので、住宅を過度に抑制しても、住宅の供給や経済の状況にいきなり大きな影響が出ることはないと考えられます。

大都市部では、すでに整備された小学校などの公共施設や交通インフラの容量を超えない範囲内、つまり新たな公共投資を必要としない場合に限定して容積率等の緩和を行うのです。特に、今後、急増する老朽化したマンションの建て替えに容積率等の緩和をある程度確保しておくことも重要でしょう。そして、超高層マンション建設を主目的とする場合、容積率等の緩和や補助金の投入は、原則として、駅前などのエリアで駅前広場やバスターミナルの整備など公共性が極めて高い場合に限定し、これ以外は抑制すべきです。

規制緩和で創出される住戸数についても、既存の公共施設・インフラなどへの影響と照らし合わせて、新たな公共投資が不要な規模なのか、また、公共貢献とされる広場や歩道などについても、地域の住環境と照らし合わせて、規制緩和の交換条件に資するほどの内容なのか、超高層の分譲マンションについては、将来の建て替えの困難さを含めた総コストを加味し、公的支援がなくても将来的な維持管理の持続可能性が担保できる取り組みをあらかじめ行っているのかなど、規制緩和や公共貢献の正当性・妥当性を専門家で構成した第三者的な組織が詳細に協議・チェックする仕組みづくりなど、そのプロセスをブラックボックスにしないための取り組みについて検討すべきと考えます。

大都市郊外や地方都市では、空き家が右肩上がりに急増している中で、各市町村が近視眼的な観点で規制緩和合戦によって、農地を虫食い的につぶしながら住宅開発を続け、住宅総量や居住地面積を拡大する焼畑的都市計画は、もうやめるべきです。

市街化調整区域の規制緩和を可能とする区域の廃止や縮小に本格的に取り組むべきです。また、非線引き区域については、開発の規制がないに等しい状態を見直し、住宅のこれ以上のバラ建ちを防ぐために、次に述べる方策③の、まちのまとまりに限定して住宅の新規立地を積極的に誘導できるよう、現行の都市計画の枠組み自体を抜本的に見直すことがどうしても必要になってきます。

方策③　「それなりの」暮らしが成り立つ「まちのまとまり」をつくる

今後、これまで税金を使って公共施設やインフラを整えてきた既存のまちは、空き家化・空き地化・放置地化された土地がまだら状に点在しながら、全体的にスカスカしていく危険性があります。これは、地方都市や大都市郊外だけでなく、大都市でも同様です。

将来的に、人口密度の低下や超高齢化、働き手不足が進行すると、1章や3章でも述べたように、暮らしに必要な商業施設や公共施設などは、人口減少・財政難により、統廃合され、現在よりも遠くまでいかなければならなくなります。さらに、救急医療、ゴミ回収、訪問介護、在宅医療、宅配など、暮らしに欠かせないサービスも、各住宅へ戸別には提供されない、あるいは、追加料金を支払わないと提供されない地域が増え、これまでと同じような暮らしやすさを得られないリスクは想定しておく必要があります。

そこで、長期的な視点から、災害リスク、インフラや公共交通・生活利便サービスの維持、公共施設の再編・統廃合、地域コミュニティ、ライフスタイルなど多様な観点をレイヤー（層）として重ね合わせ、地域住民と十分な議論を重ねながら、将来にわたって、まちのまとまりを維持すべきエリアを丁寧に決めていくことが必要不可欠です。

ただ、まちのまとまりを設定する際に、自家用車での移動がすでにライフスタイルとなっている大都市郊外や地方都市では、人口が減るから、超高齢化するからといって、公共交通の徒歩圏に居住地を「集約する」「縮小する」といったハイレベルなコンパクトシティ施策を極端に目指すには無理があるのではないかと思っています。

大事なのは、市街化区域・市街化調整区域・非線引き区域といった既存の都市計画の枠組みを問わずに、それぞれの地域が抱える実情をふまえながら、農村集落を含めて、行政サービス・生活利便・支援サービスを効率的に行うためのネットワークを維持する、形成するという観点から、まちのまとまりを設定していくことだと考えています。

ここで、「まちのまとまり」に入らなかったエリアは見捨てられるのか？　という疑問が生じるかと思います。まちのまとまりを設定して新築住宅の立地誘導を行う場合、住宅の新規立地はある程度抑制されますが、見捨てるというのではありません。住宅の新規立地を誘導することで、人口密度のメリハリをつけていくということなのです。

そのためには長い時間がかかるかもしれませんが、まちのまとまりと設定した区域だけでも、ある程度の人口密度を維持し、広域的な各種サービスのネットワークの拠点として、暮らしに必要なサービスの提供が比較的、効率的に提供できるように、「それなりに」暮らしていけるまちとして維持していこうということです。

言い換えれば、行政サービスや生活支援サービスの圏域がどんどん広域をカバーせざるを得ない中で、将来にわたり暮らしに欠かせない行政サービスや生活支援サービスが一定の水準で維持されるよう、まちのまとまりの区域だけは、維持（死守）されるべき拠点とし、行政サービスや生活支援サービス維持のためのベース基地として位置付けるということです。将来、まちのまとまりが形成・維持され、サービスを必要とする「顧客」がそれなりに集積し、人口密度の維持が図られれば、暮らしに必要なサービスの提供が比較的、効率的に提供できるようになるため、今と同じようにはいかないまでも、全体として「それなりに」暮らしていけるまちとして維持できる可能性が高まると考えられます。

そして、人口減少・財政難などで、やむを得ず様々な生活サービスが多少手薄になってしまったとしても、まちのまとまり＝コミュニティさえあれば、お互いに周囲の人の助けを多少借りながら、住み慣れた地域の中で自立的に暮らし続けることも可能となるのではないかと思うのです。

方策④　住宅の立地誘導のための実効性ある仕組みをつくる

日本の都市計画は、これまで、急激な工業化に伴う公害、交通渋滞、上・下水道の供給・処理能力に与える負荷といった観点から、工場や商業施設に関する立地誘導については、ある程度行ってきました。しかし、今の法制度では、財産権を重視する国民性もあり、災害の危険性が想定されている区域でも、他の法規制が許せば、住宅なら、ほぼどんなところでも建てることができてしまいます。そうした、「住宅なら害はないからどこに建ててもよい」という新築住宅の立地を誘導できていない状況を見直すのです。

新築住宅の着工戸数の量が多いことばかりを問題視するのでなく、せめて宅地開発などで生み出される新築住宅だけでも立地を誘導し、実効性がある新たな都市計画の仕組みづくりに着手する必要があります。

では、こうした住宅の新規立地をどのように誘導していけばよいのでしょうか？

その手法としては、①まちのまとまりに設定した立地に住宅を建てるほうが税制・金融等のメリットがあるようなインセンティブを設ける、②まちのまとまりに設定した立地の魅力を向上させる、③誘導すべきではない立地への開発規制を強化する、などが考えられます。ただし、③の開発規制の強化については、財産権の問題などもあり、極めてハードルが高いのが現状です。しかし、将来世代のことを考えるのなら、少なくとも、災害の危険性の高い区域での住宅の新規立地だけは抑制するよう検討すべきです。

そのため、現実的には、①税制・金融等のインセンティブ、②まちのまとまりに設定した立地の魅力の向上（方策⑤で詳述）を十分に検討する必要があると思います。長期優良住宅に対してすでに行われているように、住宅政策の一環として、税制の優遇措置や住宅ローン減税を利用することが考えられます。また、被害予測の危険度によって都道府県ごとに地震保険料率に差が設けられているように、住宅に関わる様々な保険や民間の金融機関の住宅ローンも、誘導すべき立地として設定した区域内に新築する場合とそうではない場合で金利に差をつけるなど、金融機関との連携も検討に値すると考えられます。

こうした話は大都市郊外や地方都市だけと考えがちですが、まだ新規の住宅需要がある大都市こそ、現時点ではまだまちのまとまりが形成されているまちなかに、新規の住宅を積極的に立地誘導することが必要不可欠なのです。

新築住宅などの新規開発を、まちのまとまりへ誘導する仕組みを、実効性を持って機能させるためには、様々なハードルがあるのは重々理解していますが、現行の都市計画法や開発許可制度を抜本的に改正することが必要不可欠になっていると言えます。

方策⑤　今ある住宅・居住地の再生や更新を重視する

日本は、第2章で詳述したように、老いた住宅に老いた居住者が多いという空き家予備軍が大量に控えており、老いた住宅の居住者の寿命が尽きた後、相続人が継承しない空き家・空き地が急増することが懸念されています。

特に大都市部では、駅からの徒歩圏のほうが戸建て等の空き家率が高いという結果があきらかになっており、これまで公共投資で公共施設やインフラを整備してきた居住地のスポンジ化の進行がますます深刻化していく危険性があります。

現在、新築住宅のうち、もともと住宅が建っていた敷地に住宅が建てられる再建築率はたったの10％しかありません。新築住宅の着工が旺盛にあっても、再建築率が低いという日本の状況は、スポンジの穴（空き家）は埋まらないまま、スポンジ本体（居住地の総量）がどんどん膨張していくという非効率な状態のままでいるのです。

そのため、こうした既存の居住地の穴を埋めるように、まちのまとまり内にある賞味期限切れとなった空き家をよみがえらせ、利活用するためのリノベーションに取り組み、中古住宅市場に流通させるための支援や、利活用の可能性が低い空き家が円滑に解体・除却できるようにするための支援を行い、まちのまとまりでの建て替えを重点的に支援していくなど、今ある住宅・居住地の再生や更新を重視した枠組みへと軸足を移し、中古住宅市場を成熟させる必要があります。

たとえば、空き家をシェアオフィスや公民館に代わる新たなコミュニティの居場所にリノベーションして、収益は固定資産税を支払える程度の事業採算性で良いとする場合には、賃料をかなり安く抑えられます。つまり、若い世代や子育てが一段落した女性、リタイア世代が、ローリスクで起業にトライできる場を創出する貴重な資源になる可能性もあります。こうした取り組みにより、まちのまとまりとして設定した立地の魅力を向上させ、ることで、新規の住宅立地の誘導へとつなげていくのです。

加えて、空き家を除却する場合には、除却後に生まれる空き地の利活用への支援策として第2章で紹介したように、隣接した敷地を家庭菜園や駐車場利用する、あるいは、地域で共同に利活用する農園・広場・臨時駐車場にするといった動きに対する税制・金融等の優遇措置を設けるなどの取り組みを充実させることも重要です。

実際に、アメリカ・デトロイト近郊のフリント市では、放棄される空き家への対応策として、2003年に「ランドバンク」(2)というものを設立しています。ランドバンクは、放棄された空き家を管理・所有し、空き家を解体するか、手を加えて賃貸・売却するかなどを見極め、解体した後の土地は緑地やコミュニティスペースに転換する取り組みを行っています。このランドバンクの活動資金には、企業の財団や政府からの支援、税金滞納者への罰金、入手した物件の賃料や売り上げ等が活用されています。日本でも、こうした取り組みを参考にしながら、住宅の終末期に対する具体的な取り組みに着手すべきです。

そして、全国の空き家総数の約52%を占める賃貸空き家は、首都圏直下型地震や南海トラフ大地震に備えて、災害時にみなし仮設住宅*1をスムーズに利活用するための仕組みづくりなどにも本格的に取り組む必要があります。

今後、空き家は、売りたくても買い手がつかないといった事情から、相続人が賃貸住宅にまわすケースが急増するものと予想されます。そのため、近い将来、30年もの住宅ローンを組んで新築住宅を購入しなくても、ファミリー層が住める質が高くて安い賃貸住宅市場が創出される可能性があります。空き家の中古流通の促進を支援するとともに、空き家に多様なニーズに合うリノベーションを行うといった「空き家の優良賃貸化」に向けた支援を充実させることも早急に検討すべきです。

今ある住宅・居住地の再生や更新を重視する枠組みに軸足を移すことで、今は新築住宅重視となっている住宅建設産業が、老いた住宅の建て替えや時代のニーズに合わせたリノベーションに軸足を移せるように、税制や金融上の優遇措置と連携しながら、市場としてのインセンティブを創出し、新たな需要とビジネスチャンスを喚起することが重要だと考えられます。そのためには、次に述べる方策⑥が必要不可欠です。

方策⑥　住宅の終末期への対応策を早急に構築する

日本では近い将来、団塊世代の寿命が尽きた後、老いた住宅を相続する子供世代（団塊ジュニア世代）や親族がどのように取り扱うかで、住宅やまちの行く末は大きく変容します。空き家が放置・放棄されたり、売りたくても売れない、貸したくても貸り手がいないということで、相続放棄をされるケースが急増することも想定されます。また、不動産市場のグローバル化で、住宅の所有者が外国人で連絡がとれないといったケースも増加していくものと考えられます。そのため、所有者が不明だったり、どうしても連絡がとれない場合にも円滑に対応できるよう、所有権の移転の際の登記等の新たなルールの構築についても検討していかなければいけない時期になっています。

また、老いた住宅や空き家の終末期問題への対応策として、住宅の解体・除却費用を確実に捻出できる新たな仕組みの構築も早急に必要です。たとえば、住宅建設業界などの協力を得て、住宅の解体・除却を支援するための本格的な基金を事前に積み立てる仕組みをつくる、家電リサイクル法のように新築住宅の購入時に解体・除却費用のための費用を別途徴収する、住宅メンテナンス保険といった住宅の維持管理がまかなえる新たな保険の商品などを開発し、インセンティブとして税控除などの優遇措置を盛り込むなど、住宅の終末期への対応策に向けて、これまでにはない新たな仕組みを検討しなくてはなりません。

急増する老いた分譲マンションの終末期問題への対応については、相続放棄された空き部屋の維持管理費や処分を円滑に行うための仕組み、空き部屋急増で管理組合の担い手がいなくなった場合でも対応できる仕組み、巨額な解体費用を税金に頼らず確実に捻出する仕組み、老いた分譲マンションの建て替えや解体後、区分所有解消を円滑に進めるための仕組みを構築することも急務です。

方策⑦　もう一歩先の将来リスクを見極める

私たちが新たに住宅を購入する際、住宅単体のメリットや購入可能価格かどうかなどに心を奪われてしまい、そこに営業マンの巧みなトークが加われば、買おうとする住宅やまちの将来リスクを見極めようという長期的視点がおろそかになってしまいがちです。つまり、短期的に投資を回収したいデベロッパー、とにかく人口を増やしたい自治体、土地活用で儲けたい地権者など、供給者側の思うツボなわけです。

しかし、いったん購入した住宅は、家具や家電製品のように、古くなったから、不要になったからといって、ゴミとして捨てることはできません。住宅過剰社会の今、私たちが住宅を購入する際には、次世代への影響を考慮する必要があるのです。すなわち、その住宅や立地が大幅に悪化せずにそれなりに暮らしが維持される見込みがあるのか、そして、もし将来、相続した子供たち世代が売るとなった場合に、買い手がつく可能性があるのかといった、これまでよりも「さらにもう一歩先の将来リスク」まで考えることが必要です。

もちろん、「将来のことなどわからないから、住んでいる住宅やまちの暮らしやすさが悪化しそうになった時点で、利便性のよいまちに住み替えたらよいのでは？」と考える方も多いかもしれません。しかし、住宅ローンを払い終わった時期には、住宅の維持管理状況や立地によっては、売却しようにも全く買い手がつかない「負動産」になっている危険性もあり、住み替え自体が難しいことも想定されるのです。

新たに住宅を購入する際には、私たち一人一人が、より長期的な視点から、住宅とまちに対する将来リスクを見極める目を持つことが大切になるのです。そして、こうした目利きができる方が増えれば、新築住宅を建てよう、購入しようという際に、設定されたまちのまとまりを選択するケースが増えることにもつながることが期待できるのです。

将来世代にツケを残さないために

住宅過剰社会の助長に歯止めをかけなければ、現時点で投票権を持たない将来世代の負担増を強いているようなものであり、将来世代の開発需要を先食いしているようなものです。団塊ジュニア世代が働き盛りで、人口や経済にまだ若干の余力があるうちに、都市計画や住宅政策の抜本的な見直しに着手しなければ、手遅れになってしまいます。

本書では、自治体の都市計画について批判的なことも書いてきましたが、自治体の中には、独自にまちづくり条例を制定するなど、長期的な視点から真摯に都市計画に取り組み、日々奮闘しているところもあります。日本の都市計画法制度は、すでに様々な都市計画ツールが用意されており、市町村がやる気になれば、実は創意工夫でいろんなことができるようになっています。全国で画一的な基準ではなく、市町村の自主性や自立性が十分に発揮され、各市町村の特徴を生かした都市計画が取り組まれることは必要不可欠です。

今後、住宅過剰社会の助長を防ぐには、私たち自身も都市計画の動向に対して常にアンテナを張っておくことが極めて重要でしょう。

ここまで、住宅過剰社会が抱える構造的な問題について、主に都市計画や住宅政策の観点から見てきました。本書をきっかけにして、住宅という資産価値だけでなく、暮らしを支えるまちも崩れゆくリスクがあることを知っていただき、将来世代のためにも、住宅過剰社会からの転換が急務だということを、ひとりでも多くの方と共有できればと心から願っています。

第４章補注

＊１　みなし仮設住宅とは、災害で住宅を失った被災者が、民間の賃貸住宅を仮の住まいとして入居した場合に、その賃貸住宅を国や自治体が提供する仮設住宅に準じるものとみなし、住居の家賃や敷金・礼金・仲介手数料などが国庫負担の対象（適用期間は2年間）とされる。２０１１年の東日本大震災から適用され、２０１６年の熊本地震でも適用されている。

第４章引用文献

（１）深尾光洋「生産誘発係数と投資乗数」、経済研究センター会報、２００8年5月
（２）前根美穂・清水陽子・中山徹「アメリカにおける空き家対策事業に関する研究――ミシガン州フリント市・オハイオ州ヤングスタウン市について」、都市計画報告集№9、（社）日本都市計画学会、２０１０年5月

おわりに

ある朝、テレビのニュースを見ていた私の子供（当時、中学1年生）がつぶやきました。

「これ以上、自分たちの世代にまで迷惑をかけるようなことは、止めてほしいよな」

連日のように、新国立競技場の建設費など、２０２０年東京オリンピックに関わる費用がどんどん膨らんでいくと報道されていた時期でした。

投票権も決定権もまだない子供たちが大人になって使う建物・まちという空間、そしてこれらを維持管理・更新するための財政負担を、私たち世代が一方的に決めて――押しつけて――しまっているということに、私自身、改めて気づかされた瞬間でした。

今、私たち大人がつくろうとしている住宅、公共施設やインフラ、そして「まち」は、今後１００年近くはこの世に存在し続けることになります。しかし、本書で述べてきたように、このまま、これまでと同じ感覚で都市計画や住宅政策を続けていくと、私たちの子供世代がとんでもなく困ってしまうのは明白です。なのに、日本社会はいまだに何も変わらない・変われないというフリーズ状態に陥ってしまっています。

都市計画の研究者の一人として、「子供たちのために、私に何ができるのだろうか？」と考えたとき、どちらかと言えば難解で、市民の方にあまり馴染みがない「都市計画」というテーマについて、まずは、全国的に今後懸念される諸問題を先取りして表れ始めている問題点を知っていただき、少しでも考えるきっかけが必要ではないか？　そのためには、専門家しか読まない学術書ではなく、新書という形で書くことではないか？　と思うに至ったのです。

子供たち世代も心豊かに安心して暮らし続けられるまちをバトンタッチできるよう、少しでも良い方向に改善する契機に本書がなってくれれば、と心から願うばかりです。

最後に、執筆にあたって、本当に多くの方にお世話になりました。

本書の執筆のきっかけをつくって下さった藤村龍至氏（東京藝術大学准教授）、原稿に対して極めて論理的に批評やアドバイスを下さった大方潤一郎氏（東京大学教授）、これまで様々な場でご一緒させて頂いた市町村・県・国の担当職員の皆様、その他にも数多くの専門家の方々に貴重な情報やアドバイスを頂いたおかげで、本書を完成することができました。ここに謹んで感謝の意を表します。

そして、東洋大学の私の研究室で、これまで一緒に都市計画・まちづくりの調査・研究を進めてきた大学院生・ゼミ生は、私にはない鋭い視点で、様々なまちの実態を調査し、全国各地のまちが抱える問題をあぶり出してくれました。本当にありがとう。これからも、たまに集まって、全国各地の日本酒を楽しみながら、様々な分野で活躍するOB・OG同士でこれからの都市計画について語り合いましょう。

また、講談社現代新書の米沢勇基氏は、私が言葉にできない思いを的確に言語化し、「住宅過剰社会」という重要なキーワードを世に生み出してくださいました。米沢氏という優秀な編集者の絶妙な伴走がなければ、本書を完成させることはできませんでした。心よりお礼申し上げます。

野澤千絵

参考文献

第１章

国土交通省社会資本整備審議会住宅宅地分科会における資料、２０１５年４月〜２０１６年２月

国土交通省住宅局住宅政策課監修「２０１５年度版住宅経済データ集」、住宅産業新聞社、２０１５年11月

国土交通省都市局都市計画課「集約型都市構造の実現に向けた土地利用・開発許可にかかる制度・運用のあり方に関する検討調査」、２０１６年３月

国土交通省「平成25年度マンション総合調査」、２０１３年

国土交通省「住宅着工統計」「住宅・土地統計調査」

東京都住宅政策審議会マンション部会「マンションストック・市場の状況」、２０１４年度第１回及び第２回企画部会参考資料、２０１４年８月６日、９月５日

東京都都市整備局「東京の都市づくりビジョン（改定）——魅力とにぎわいを備えた環境先進都市の創造」、２００９年７月

東京都都市整備局「首都圏メガロポリス構想——21世紀の首都像と圏域づくり戦略」、２００１年４月

東京都都市整備局「新しい都市づくりのための都市開発諸制度活用方針」、平成27年３月30日改定版

東京都都市整備局「東京都再開発等促進区を定める地区計画運用基準」、平成27年３月改定版

東京都都市整備局ホームページ「再開発等促進区を定める地区計画一覧」

中央区・港区・江東区の各自治体ホームページ都市計画図

羽生市・行田市・加須市・久喜市の自治体ホームページ

株式会社 CHINTAI の賃貸アパート検索サイト

HOME'S・SUUMO 等の不動産・住宅情報サイト

日経ＢＰムック「東京大改造マップ２０２０」、２０１５年

松谷明彦『東京劣化——地方以上に劇的な首都の人口問題』、ＰＨＰ新書、２０１５年

建設政策研究所編『「都市再生」がまちをこわす——現場からの検証』、自治体研究社、２００４年

和泉洋人『容積率緩和型都市計画論』、信山社、２００２年

蓑原敬・西村幸夫・佐藤滋・大方潤一郎・中井検裕・中村文彦・広井良典・小川富由・若林祥文・木下真男『都市計画根底から見なおし新たな挑戦へ』、学芸出版社、２０１１年２月

『週刊東洋経済』、２０１２年２月25日版

第２章

吉田太一『あなたの不動産が「負動産」になる——相続・購入する前に今すぐやるべきこと』、ポプラ新書、２０１５年８月

三浦展『東京は郊外から消えていく！　首都圏高齢化・未婚化・空き家地図』、光文社新書、２０１２年８月

長嶋修『「空き家」が蝕む日本』、ポプラ新書、２０１４年７月

牧野知弘『空き家問題——１０００万戸の衝撃』、祥伝社新書、２０１４年７月

米山秀隆『限界マンション——次に来る空き家問題』、日本経済新聞出版社、２０１５年

牧野知弘『２０２０年マンション大崩壊』、文春新書、２０１５年

天野隆『やってはいけない「実家」の相続』、青春出版社、２０１５年４月

中崎隆司『なぜ無責任な建築と都市をつくる社会が続くのか』、彰国社、２００７年６月

青木茂『住む人のための建てもの再生――集合住宅／団地をよみがえらせる』、総合資格、２０１２年12月
青木茂『長寿命建築のつくりかた――いつまでも美しく使えるリノベーション』、エクスナレッジ、２０１５年10月
嶋田洋平『ぼくらのリノベーションまちづくり』、日経ＢＰ社、２０１５年６月
清水義次『リノベーションまちづくり――不動産事業でまちを再生する方法』、学芸出版社、２０１４年９月
『あなたのマンション・団地が生まれ変わる！』、ダイヤモンドＭＯＯＫ、２０１６年３月
根本祐二『朽ちるインフラ』、日本経済新聞出版社、２０１１年５月
内藤伸浩『人口減少時代の公共施設改革――まちづくりがキーワード』、時事通信社、２０１５年４月
日本建築学会編『公共施設の再編――計画と実践の手引き』、森北出版、２０１５年２月
小島卓弥編著『公共施設が劇的に変わるファシリティマネジメント』、学陽書房、２０１２年10月
宮脇淳編著『自治体戦略の思考と財政健全化』、ぎょうせい、２００９年３月
（一財）神戸すまいまちづくり公社「標高３００ｍ鶴甲の暮らし」、２０１６年１月
（一財）神戸すまいまちづくり公社「つるかぶと団地リノベーションブック」、２０１６年１月
植村哲士・宇都正哲・水石仁・榊原渉・安田純子「人口減少時代の住宅・土地利用・社会資本管理の問題とその解決に向けて（下）――２０４０年の日本の空家問題への対応策案」、知的資産創造、２００９年10月

第３章
国土交通省「サービス付き高齢者向け住宅の整備等のあり方に関する検討会」第１回（２０１４年９月８日）～第６回（２０１６年２月２日）の配布資料・議事概要
国土交通省社会資本整備審議会住宅宅地分科会第36回（２０１５年４月21日）～第46回（２０１６年２月23日）配布資料
国土交通省ホームページ「都市再生特別措置法に基づく立地適正化制度」
群馬県「ぐんま〝まちづくり〟ビジョン」、平成24年９月
群馬県「人口減少下における土地利用ガイドライン【非線引き都市計画区域編】・【市街化調整区域編】」、２０１６年３月
松山市・和歌山市の自治体ホームページ
照本清峰「災害発生後の復興期における土地利用方策の事例分析と施策の体系化に関する研究」公益財団法人大林財団研究助成実施報告書、２００７年度
姥浦道生・石坂公一・佐藤健「水害リスクを考慮した土地利用コントロールの実態とその可能性」、住総研研究論文集№39、２０１２年

講談社現代新書　2397

老《お》いる家《いえ》　崩《くず》れる街《まち》　住《じゅう》宅《たく》過《か》剰《じょう》社《しゃ》会《かい》の末路《まつろ》

二〇一六年一一月二〇日第一刷発行　二〇一七年一月一三日第五刷発行

著　者　野《の》澤《ざわ》千《ち》絵《え》　

発行者　鈴木　哲
発行所　株式会社講談社
東京都文京区音羽二丁目一二―二一　郵便番号一一二―八〇〇一
電　話　〇三―五三九五―三五二一　編集（現代新書）
〇三―五三九五―四四一五　販売
〇三―五三九五―三六一五　業務
装幀者　中島英樹
印刷所　凸版印刷株式会社
製本所　株式会社大進堂
定価はカバーに表示してあります　Printed in Japan

N.D.C. 360　222p　18cm
ISBN978-4-06-288397-9

「講談社現代新書」の刊行にあたって

教養は万人が身をもって養い創造すべきものであって、一部の専門家の占有物として、ただ一方的に人々の手もとに配布され伝達されうるものではありません。

しかし、不幸にしてわが国の現状では、教養の重要な養いとなるべき書物は、ほとんど講壇からの天下りや単なる解説に終始し、知識技術を真剣に希求する青少年・学生・一般民衆の根本的な疑問や興味は、けっして十分に答えられ、解きほぐされ、手引きされることがありません。万人の内奥から発した真正の教養への芽ばえが、こうして放置され、むなしく滅びさる運命にゆだねられているのです。

このことは、中・高校だけで教育をおわる人々の成長をはばんでいるだけでなく、大学に進んだり、インテリと目されたりする人々の精神力の健康さえもむしばみ、わが国の文化の実質をまことに脆弱なものにしています。単なる博識以上の根強い思索力・判断力、および確かな技術にささえられた教養を必要とする日本の将来にとって、これは真剣に憂慮されなければならない事態であるといわなければなりません。

わたしたちの「講談社現代新書」は、この事態の克服を意図して計画されたものです。これによってわたしたちは、講壇からの天下りでもなく、単なる解説書でもない、もっぱら万人の魂に生ずる初発的かつ根本的な問題をとらえ、掘り起こし、手引きし、しかも最新の知識への展望を万人に確立させる書物を、新しく世の中に送り出したいと念願しています。

わたしたちは、創業以来民衆を対象とする啓蒙の仕事に専心してきた講談社にとって、これこそもっともふさわしい課題であり、伝統ある出版社としての義務でもあると考えているのです。

一九六四年四月　野間省一